ALINA QUINTANA

DANZA CLASSICA
NO UNDER 40

Come Intraprendere Un Percorso Emozionale Di Danza Classica Per Donne Sopra i 40 Anni

Titolo

"DANZA CLASSICA NO UNDER 40"

Autore

Alina Quintana

Editore

Bruno Editore

Sito internet

http://www.brunoeditore.it

Tutti i diritti sono riservati a norma di legge. Nessuna parte di questo libro può essere riprodotta con alcun mezzo senza l'autorizzazione scritta dell'Autore e dell'Editore. È espressamente vietato trasmettere ad altri il presente libro, né in formato cartaceo né elettronico, né per denaro né a titolo gratuito. Le strategie riportate in questo libro sono frutto di anni di studi e specializzazioni, quindi non è garantito il raggiungimento dei medesimi risultati di crescita personale o professionale. Il lettore si assume piena responsabilità delle proprie scelte, consapevole dei rischi connessi a qualsiasi forma di esercizio. Il libro ha esclusivamente scopo formativo.

Sommario

Introduzione   pag. 5

Capitolo 1: 5 benefici della danza classica   pag. 12

Capitolo 2: Il metodo Danza Classica No Under 40   pag. 25

Capitolo 3: Come avere una postura elegante   pag. 48

Capitolo 4: Come iniziare il viaggio di trasformazione pag. 60

Capitolo 5: Alla scoperta della postura elegante   pag. 76

Capitolo 6: Come potenziare la propria femminilità   pag. 100

Capitolo 7: Danza e alimentazione   pag. 115

Conclusione   pag. 124

Storie di successo   pag. 130

Ringraziamenti   pag. 136

Introduzione

*Dentro non si invecchia mai e
nemmeno i sogni invecchiano.*
Alina.

Immagina di essere stata addormentata per ben 40 anni. All'improvviso, ti svegli dal sogno e ti trovi in una sala di danza con la musica dal vivo al piano, vestita da ballerina, insieme ad altre donne con la tua stessa passione per la danza classica. Esegui sequenze e movimenti armoniosi delle braccia, come se al posto di queste ci fossero delle ali che ti permettano di volare.

Danzare è stato sempre il tuo sogno sin da bambina, che poi, crescendo, è rimasto in un angolino del cuore, nel cassetto dei sogni, ma che in fondo non è mai morto.

Ero a poche ore dalla mia laurea per diventare ballerina professionista. Mia mamma, seduta nel letto della camera dell'accademia, mi sistemava le ultime paillette del tutù che dovevo indossare per ballare quella sera di laurea. La direttrice entrò per augurarci in bocca al lupo e darci gli ultimi consigli prima dell'esibizione.

Eravamo sette ragazze, tutte di soli 17 anni e con lo stesso sogno, nervose, ma allo stesso tempo felici, perché quel giorno dovevamo diventare ballerine professioniste; ci preparammo al meglio fisicamente e psicologicamente per quel tanto atteso momento.

Peccato però che, quando arrivò la direttrice da me e da mia madre, ci guardò con un'aria quasi di sfida, rivolgendosi a mia mamma: "Sua figlia non so se passerà per causa dei chili in più che ha messo negli ultimi mesi".

Molte insegnanti sono del pensiero che è necessario trattare male per formare o per avere autorevolezza nei confronti degli allievi, non sapendo, tuttavia, i danni che possono causare anche in futuro.

Quelle parole possono fare veramente male: infatti, per anni, mi hanno tormentata ogni volta che le cose non andavano bene. Di tanto in tanto, arrivava quella frase della mia ex direttrice, che si presentava come un ritornello nella mia mente, per incutermi timore o portarmi a credere in ciò che diceva, che non sarei diventata mai una ballerina professionista.

Sai una cosa? Oggi, tutte queste esperienze inizialmente negative sono riuscita a farle diventare la mia benzina, il mio motore, perché ti posso garantire che noi donne siamo spinte nella vita da 2 motori:
- La realizzazione propria a qualsiasi età.
- Sfidare chi non crede in noi.

Direttamente o indirettamente, tu, come me, avrai ricevuto parole demoralizzanti, che ti possono aver ferita e segnata nel corso della vostra vita, ma ti dico che solo noi diamo forza o meno alle false credenze.

Oggi sono qui a scrivere questo libro, con l'obiettivo di arrivare a più donne possibili, che vogliono sognare, vivere con leggerezza ed emozionarsi ancora con la danza classica.

Voglio informarti che c'è un modo per realizzare il tuo sogno, molto più facile di quanto possa immaginare, e per questo ti chiedo se realmente sei curiosa di scoprirlo. Fai questo viaggio insieme a me fino alla fine del libro per scoprire tutte le sorprese che ti ho riservato.

Per farti capire al meglio tutto il mondo della danza classica No Under 40, ho suddiviso gli argomenti del libro in 7 capitoli semplici, pratici e dinamici.

Oltre alla tecnica dei passi e alla routine di esercizi che troverai all'interno e che potrai praticare da qualsiasi posto del mondo, ci sarà una raccolta di esperienze dei miei 15 anni di carriera professionale nella danza classica e anche racconti delle allieve No Under 40 che hanno voluto contribuire con i loro aneddoti.

Incredibile se ripenso a tutto il mio percorso: oggi sono ballerina professionista, insegnante del metodo Vaganova, coreografa, direttrice della scuola di danza e ballo Alina Quintana Studio, che porta il mio nome, creatrice del metodo Danza Classica No Under 40 e scrittrice di un libro che parla di danza classica per gli adulti.

Voglio condividere con te i migliori insegnamenti che mi hanno formata, dall'accademia, alla compagnia del balletto classico di Cuba, fino all'Italia, dove ho continuato la mia formazione professionale con il metodo russo Vaganova, la nascita della mia scuola di danza, dove aiuto tanti giovani nella loro formazione e adesso anche gli adulti, nello specifico le donne.

Trasformare il tuo sogno in realtà è diventata la mia missione più grande.

Per te sarà un manuale di bellezza, di benessere e di abitudine disciplinare, come lo è già per tante altre donne No Under 40. Un manuale utile da portare sempre con sé, che ti aiuterà sempre a mantenere ardente il tuo sogno, un bagaglio di consigli e informazioni, una guida di esercizi di danza che potrai praticare insieme a me o attraverso i miei video tutorial da casa.

Con tutto ciò, migliorerai in primis il tuo fisico, grazie ad un lavoro ideato a farvi usare i muscoli in 2 modi: contrazione e allungamento. Con poche lezioni e la giusta concentrazione, il tuo corpo non potrà far altro che ricavarne benessere e giovamento.

Le donne che si avvicinano alla danza classica in età adulta, prima di tutto lo fanno per la forte passione e il sogno che (come raccontavo all'inizio del libro) non muore mai e, in secondo luogo, per acquisire una postura elegante che rimanga nel tempo, come la storia di lei... la mia principessa (come la chiamo io), l'ho conosciuta quando aveva 60 anni, era venuta da me perché voleva cambiare.

Guardandola, aveva le spalle cadenti e la sua postura delineava una persona stanca. Non aveva mai danzato prima d'ora, ma, quando mi chiese che voleva fare qualcosa per apparire più aggraziata, io le proposi la danza classica.

Ero sicura che, adattandole un programma su misura, l'avrei portata a diventare *"un cigno bellissimo"*. Ad oggi, la mia principessa sono tre anni che fa Danza Classica No Under 40, il mio corso di nicchia in Italia.

Le sue parole sono: "Ora che so quanto beneficio mi regala la danza, non smetterò mai di farla. Mi sento meglio, mi sento bella, ora mi piaccio". Oltre alla danza, oggi pratica altre discipline, ma, come dice lei, nessuna di queste le trasmette la bellezza del corpo e dell'anima che prova con la danza classica No Under 40.

Capitolo 1:
5 benefici della danza classica

1.1. Il sogno

Sognare è una azione potente: si può sognare ad occhi chiusi e si può sognare ad occhi aperti, mantenendo vive le proprie fantasie. Questo rappresenta la danza classica No Under 40.

Coloro che sono disposti a sognare sono anche disposti a rompere tutte le barriere mentali e immaginare possibile quello che è impossibile per altri.

Ecco perché il tuo sogno ho voluto materializzarlo e farti questo regalo attraverso il mio libro, i miei corsi No Under 40 (se già mi conosci e li stai frequentando), o ancora attraverso i miei tutorial su YouTube, dove t'insegnerò come eseguire gli esercizi per la postura, per l'elasticità, per la coordinazione e per rendere le tue braccia e il tuo corpo più armoniosi.

La danza è bellezza, è armonia, è arricchimento di chi la pratica.

La danza è qualcosa che non si cerca, ma viene dal cuore e ti pulsa.

La danza è sentirsi belle in ogni momento.

La danza è soddisfazione quando un giorno prima non ti viene il passo e il giorno dopo esce il movimento.

La danza è bella perché, quando inizi, non puoi più smettere di farla.

La danza è bella perché, quando balli con il sentimento, hai il potere di arrivare e fare con il pubblico quello che vuoi.

La danza è formativa della mente e del corpo, si prende un obiettivo e si mette in discussione per raggiungerlo.

Non posso far altro che augurarti buona danza!

Adesso ti consiglio di accendere il cellulare, cercare la playlist danza classica No Under 40 sul mio canale YouTube, Alina Quintana Studio. Questa playlist mi ha ispirata durante la preparazione e la scrittura di questo libro. Sono molto felice di condividerla con te. Ti aiuterà a sentirti più rilassata ed a emozionarti durante la lettura, proprio come è successo a me mentre scrivevo per te.

Seguimi!

Vorrei adesso chiederti:

- Quali sono le tue passioni?

- Quali stai coltivando attualmente?

- Come ti descriveresti se negli ultimi 10 anni tu avessi praticato la danza classica?

1.2. I falsi miti

Uno tra i più comuni tabù fra le donne adulte è l'età di inizio della danza classica. È vero che, in linea di massima, bisogna iniziare la danza all'età di otto anni, ma per chi vuole intraprendere un percorso accademico e diventare una ballerina professionista.

Di sicuro l'età di inizio è fondamentale, in questo caso per chi vuole far carriera e lavorare nel mondo della danza.

Esiste anche quella della paura di mostrarsi o di essere giudicate, il timore di un corpo non adatto alla danza, la credenza del poco tempo a disposizione e anche l'impossibilità a causa dell'età.

Nel metodo No Under 40 non avrai limite di età, perché non bisogna eseguire dei grandi salti in aria o trentadue *fouetté* come i ballerini professionisti, (*fouetté* – una serie di giri con la gamba che apre come una frustata a 90°).

Fortunatamente, la danza classica è molto di più di tutto ciò: è una disciplina completa che lavora su tutto il corpo e la mente e che, praticandola coscientemente, ti donerà eleganza, coordinazione, flessibilità, tecnica, postura, maggiore interpretazione del viso, musicalità, memoria, forma fisica e fiducia in te stessa.

Ho pensato che la danza classica sarebbe stata la disciplina adatta alle No Under 40 e che, con un metodo esclusivo, potesse migliorare la propria femminilità e riacquistare un pizzico di entusiasmo giovanile.

Il tempo, i figli, il lavoro, marito, gli amici sono le altre barriere comuni: non farai altro che metterti in secondo piano e non ritagliarti del tempo da dedicare a te stessa.

Non fare almeno 2 ore di movimento fisico alla settimana ha delle conseguenze nel tempo, soprattutto per le donne adulte.

Non ti sentirai completamente felice, sarai stressata, ti sentirai frustrata e arrabbiata perché non fai mai qualcosa di bello per te.

Per tutto c'è una soluzione e io ne ho una molto pratica sul come entrare in azione. Da oggi, segna nel tuo calendario l'ora di danza classica, così come lo fai per gli altri impegni; pensa che questo tempo ha un valore prezioso, come il resto delle cose a cui ti dedichi e lascia fuori tutto ciò che non conta.

Avere un appuntamento in settimana con se stessa è già un buon inizio. Se ci pensi bene, hai la agenda colma tutti i giorni di impegni con gli altri, tante cose le fai perché devi, ma non perché ti piace. Se ci pensi, è incredibile, ma è la mera verità.

Le ballerine rinunciano spesso a impegni o a uscite serali, allontanano tutto ciò che può togliere loro energia e tempo prezioso. Amano la danza: quest'ultima produce una sensazione di benessere, di emozioni, di bei pensieri, di energia positiva, di gioia, di persone belle accanto.

La soddisfazione che si prova dopo una lezione di danza classica No Under 40 rimane anche dopo ore o addirittura dopo giorni.

Le donne sono più felici: tante mi scrivono perché non vedono l'ora di ritornare o perché vorrebbero che quell'ora non finisse mai. Questa bellissima energia poi la portano con sé a casa e nei rapporti con gli altri;in famiglia e nel lavoro, tutti intorno ne usufruiscono.

Una vita emotivamente ricca e appagante puoi ottenerla se metti al centro la tua persona e ti concentri su ciò che veramente vuoi parlando al presente, passando all'azione e alzando i tuoi standard. Quindi non usare più scuse.

Che tipologia di donna frequenta i miei corsi:
Mamma e moglie
Donna architetta
Donna manager
Imprenditrice
Donna libero professionista
Donna del mondo della moda e dell'arte

Non importa se non hai mai fatto danza: sono convita che, tramite un apposito programma e l'insegnante giusta, potrai raggiungere importanti risultati e trarre tutti i benefici per il tuo corpo e per il tuo benessere.

1.3. I 5 benefici

I benefici che otterrai nel fare qualcosa è un argomento molto importante per me. Quando per esempio scelgo una disciplina con la quale voglio allenarmi e stare in forma, voglio capire prima che benefici che porterà al mio corpo, alla mia salute e al mio benessere.

Chiedi e fai sempre ricerche prima di intraprendere un percorso, dato che non tutte le discipline sono adatte al proprio corpo. Su Google o sui libri si può trovare molta informazione e approfondire un determinato argomento e, in questo caso, capire come quella particolare disciplina possa contribuire a un tuo miglioramento; se possibile, cerca di capire in quanto tempo si ottengono i primi risultati.

Questo è un aspetto molto importante, da tenere bene in considerazione, dal momento che dietro ogni tua scelta (in questo caso la pratica della danza classica) ci devono essere anche degli obiettivi precisi, che siano motivanti e raggiungibili.

Fai tutte queste domande all'insegnante, per essere inoltre più chiara con te stessa e con quello che ti puoi aspettare anche dal tuo corpo e dal tuo impegno. E' per questo motivo che, durante le mie lezioni No Under 40, spiego molto accuratamente quali sono i vantaggi e come si ottengono se si lavora in un certo modo. La danza classica, per esempio, ne ha per ogni tipo e per ogni parte specifica del corpo.

Per stare bene e in forma puoi scegliere di allenarti con lo yoga, una disciplina che dona concentrazione, flessibilità e benessere della mente.

Magari ti piace la musica latinoamericana, quindi scegli di fare un corso di ballo in gruppo, perché ti aiuterà a scaricarti e a sudare. Per chi, invece, sceglie di realizzare il sogno da bambina con la danza classica No Under 40 i benefici sono tanti.

Vediamoli insieme:
- 1° beneficio

La danza classica No Under 40 ti può donare, già dalle prime lezioni, una postura dritta, elegante e aperta. Questo è un aspetto molto importante nella tua vita quotidiana, quando sarai davanti ad un cliente, ad un competitor, ai tuoi allievi o a tuo marito.
Quando possiedi una bella postura, dimostri di essere una persona centrata, determinata e piacevole agli occhi degli altri.

- 2° beneficio

Durante la lezione proverai la fantastica sensazione di sentire andar via tutto lo stress, si sciolgono tutte le tensioni muscolari acquisite nel tempo o durante la giornata.

L'esecuzione fluida delle braccia, i movimenti dolci della testa e delle gambe, uniti alla bellissima musica classica, ti aiuterà a passare da movimenti rigidi a movimenti delicati e armoniosi, da dolori di spalla e di cervicali a una sensazione di leggerezza e di benessere. Questi dolci allungamenti lavoreranno sul tuo corpo, affinché tu possa allontanarti dalle tensioni e dalle contratture e a raggiungere uno stato di relax.

- 3° beneficio

Non so se ne sei a conoscenza, ma l'allenamento delle ballerine è una vera e propria sfida. Disciplina, abbigliamento corretto e obiettivi da raggiungere in ogni lezione. Ogni giorno si alza l'asticella come un vero *bootcamp* per chi vuole crescere e migliorarsi.

Anche nella vita di tutti i giorni, il metodo No Under 40 ha già portato miglioramenti in quanto a disciplina e abbigliamento nelle allieve. Mi dicono che, quando sono in determinate situazioni di lavoro o di famiglia, si ricordano degli insegnamenti, degli esempi che offro a lezione e li mettono in pratica. Mi hanno confermato che gli altri notano i cambi positivi.

La danza classica No Under 40 è anche questo: passare dall'*io non posso* all'*io posso*, avere una vita disciplinata, uno stile piacevole, darsi degli obiettivi e adoperarsi per raggiungerli.

- 4° beneficio:

Noterai come anche solo in poche lezioni il tuo corpo sarà più elastico, la muscolatura allungata e allo stesso tempo più tonica. Questo ti permetterà di avere una migliore mobilità, ma allo stesso tempo tenerti lontana dal rischio di lesioni. Imparerai ad usare tutti i tuoi muscoli in 2 tipi di lavoro: contrazione e allungamento. Usandoli in modo corretto, i risultati arriveranno molto rapidamente e qualsiasi altra disciplina che vorrai praticare ti sembrerà molto più facile.

- 5° beneficio:

Diventerai una persona più "musicale" e seducente. Le lezioni di danza classica No Under 40 saranno un bello stimolo per te, imparerai a conoscere la musica, a ballare seguendo il ritmo e ad usare il tuo corpo insieme alla musica. Imparerai a comunicare con gli altri attraverso il corpo, a trasmettere emozioni e bellezza; è questo farà di te una donna libera di vergogna, una donna seducente.

Insieme alla mia guida e/o ai miei tutorial su YouTube di qui potrai usufruire di tutti i giovamenti e ti farò arrivare più velocemente ai risultati desiderati.

https://youtu.be/-kC-yA11VDU

RIEPILOGO DEL CAPITOLO 1:

- SEGRETO n. 1: Coltivare le passioni ti aiuterà a stare bene con te stessa.
- SEGRETO n. 2: Organizza l'agenda con una o due ore di danza alla settimana, metti al centro la tua persona e passa all'azione.
- SEGRETO n. 3: Definisci un obiettivo raggiungibile in un tempo determinato. Può essere una migliore postura o una maggior flessibilità.
- SEGRETO n. 4: Praticare attività fisica, come la danza classica in età adulta, non è solo questione di estetica e bellezza, bensì di salute.
- SEGRETO n. 5: Postura corretta ed elegante, muscolatura più elastica, presenza piacevole, sentirsi bella e seducente rappresentano alcuni tra i benefici che sperimenterai con la danza classica No Under 40.

Capitolo 2:
Il metodo Danza Classica No Under 40

Il motivo che mi ha portata alla creazione del metodo Danza Classica No Under 40 anni è stato un giorno quando incontrai Anna, una signora sulla sessantina di anni.
Io ero in un camerino di una delle scuole di ballo dove tengo le mie lezioni di danza. Entrò un gruppo di signore che avevano appena finito una lezione di ginnastica dolce.

Una di queste (Anna) mi guardava mentre mi stavo cambiando e mi disse: "hai un'eleganza e una raffinatezza tale che si vede che sei ballerina di danza classica". Io, molto lusingata del suo complimento, risposi istintivamente con una domanda: "Signora, se io le dicessi che anche lei può diventare una signora elegante attraverso la danza classica, lei lo farebbe un corso?".

La signora, emozionandosi, mi rispose: "Lo farei di corsa, essere una ballerina era il mio sogno da bambina, ma i miei genitori purtroppo non mi hanno mai voluta iscrivere a danza ed ora so che è impossibile farla a questa età".

All'improvviso la mia mente ha cominciato ad immaginare Anna in una sala di danza insieme ad altre donne che danzavano e mi sono illuminata di gioia.

Affermai: "Io amo realizzare i sogni degli altri e, dato che il suo sogno è come quello di tante altre donne, farò il primo corso di danza classica in Italia per donne adulte sopra i 40 anni che non hanno mai danzato e lei, se avrà piacere, verrà al mio corso, perché i sogni portano alla felicità, se poi si realizzano".

Dopo un mese è partito il mio primo corso di danza classica per donne adulti, dall'età di 40, 50 e 60 anni in poi. Purtroppo il primo corso è partito senza la signora che mi ha ispirata, Anna; cercai anche di contattarla, ma senza esito, avendo cambiato numero di telefono.

Le donne amano questo corso perché vedono nelle mie lezioni la possibilità di realizzare un sogno d'infanzia e poi perché sentono sulla propria pelle quanto beneficio riceve il corpo e l'anima.

Oggi sto aprendo nuovi corsi in tante altri spazi, dato il successo che sta avendo questa iniziativa. Finalmente Anna, ora, sta partecipando al corso: grazie a Facebook ha trovato la mia campagna pubblicitaria e sono molto felice che il destino l'abbia riportata di nuovo al suo sogno e a realizzarlo per davvero. Anna, (come centinaia di donne) è cresciuta con un sogno che riserba sin da bambina e, sebbene siano passati più di 40, 50 e 60 anni, per lei non morirà mai.

In Italia è la prima volta che si materializza un metodo ed un programma di danza classica creato ad hoc per donne adulte No Under 40. Sicuramente avrai già sentito o ti sarai imbattuta in diversi corsi venduti con il nome *corsi di danza classica per adulti...*

Attenzione, molto spesso non sono strutturati per chi non ha mai praticato la disciplina in questione e questo è un rischio per chi parte da zero. Lo so perché mi sono capitate delle allieve che hanno scelto di fare un percorso di lezioni private di danza classica con me dopo essersi spaventate e rimanere amareggiate da esperienze negative.

Erano capitate in corsi con differenze di livelli e di età, che hanno inciso profondamente sulla loro sensibilità, facendole sentire stupide e fuori luogo. Hanno subito soprusi mentali, solo perché non erano capaci di memorizzare un passo o di stendere abbastanza le gambe. Ma non solo: si sono anche scoraggiate e avevano quasi provato odio per il loro amato sogno.

Durante la creazione di questo metodo, mi sono preoccupata e occupata di seguire un programma di studio con una crescita nel tempo, che potesse accompagnare, passo dopo passo, l'aspirante ballerina, rispettando soprattutto i limiti anatomici che possono presentarsi ad una certa età. Ero alla ricerca di un metodo che facesse lavorare, ma allo stesso tempo che non sovraccaricasse o andasse contro un corpo non preparato fisicamente alla danza classica.

Per te, donna No Under 40, che non hai mai danzato, ci ho pensato io, per questo ti voglio guidare in un percorso ben strutturato e conforme ad ogni fascia di età, che comporterà una crescita fisica e difficoltà nel tempo.

Voglio aiutarti a gettare fin da subito le tue barriere mentali di limiti, per farti entrare nel vivo di questa bellissima arte, la danza classica, in modo naturale proprio perché è il tuo sogno e, secondo il mio punto di vista, il sogno va amato, protetto e coltivato.

Forse l'aspirazione di essere una ballerina era irraggiungibile prima, ma oggi diventa accessibile per te e potrai ballare come hai sempre desiderato. Tutte provengono da diversi background, dalla donna avvocato alla casalinga o a quella che lavora nel mondo dell'arte o della moda.

Nel corso, non viene insegnata la competizione o il dimostrarsi migliori dalle altre, non devi sottoporti a provini, casting per tv o a compagnie di balletto. Nel suddetto corso No Under 40 viene sicuramente richiesta la voglia di migliorarsi in ogni lezioni e di lavorare sui difetti per arrivare a diventare la migliore versione di se stesse.

L'attenzione si focalizza sulla consapevolezza della ricerca della propria femminilità, attraverso movimenti dolci, concentrandosi sull'acquisizione di una postura corretta, un portamento elegante e una maggior forza e tonicità, facendo lavorare la muscolatura in modo giusto. Impegno e ripetizione sono regole essenziali per una ballerina, come lo è durante l'ora della lezione No Under 40, per raggiungere importanti obiettivi ed ottenere il risultato migliore.

Anche ANSA.it ne ha parlato:
http://www.alinaquintana.it/detto-tardi-la-danza-classica/

2.1. Metodo Danza Classica No Under 40

Il metodo No Under 40 parte dal bagaglio di oltre quindici anni della mia carriera professionale e prende ispirazione dal metodo russo e dalla scuola cubana. Ho pensato che ci deve essere un modo unico nel muovere le braccia, e per farlo ho preso spunto dal repertorio classico come: Giselle, Don Chisciotte, Il Lago dei cigni, Silfide, Bayadère...

Le braccia sono la parte fondamentale del corpo e perciò anche di questo metodo. Lo stile di ogni balletto ti donerà una combinazione di stile, di eleganza e raffinatezza, sia nelle esecuzioni dei movimenti che nell'atteggiamento e nel vostro portamento.

Ogni corso No Under è suddiviso per fascia di età, dai 40 ai 50 e dai 60 anni in poi. Le lezioni si svolgono con una costruzione logica, iniziando innanzitutto da terra, con una serie di esercizi propedeutici di allungamenti per acquisire maggiore flessibilità del corpo e di preparazione fisica, al fine di ottenere una muscolatura definita e forte. Questo lavoro avrà una durata di 15 minuti all'interno dell'ora di lezione.

Successivamente si passa alla sbarra, dove si eseguiranno esercizi prima con due mani e poi con una sola al *croisè*, termine francese per indicare la posizione del corpo rivolta nella traiettoria della diagonale del palco. Questo lavoro al *croisè* serve per maturare una maggiore consapevolezza della postura elegante, del peso del corpo, della coordinazione dei piedi, delle braccia e del movimento della testa.

Per ultimo, si effettueranno piccoli esercizi al centro e alle diagonali per conferire bellezza alle braccia, al movimento della testa e per l'interpretazione del viso.

2.2. Disciplina

Una delle qualità più importanti che acquisirai facendo danza classica è la disciplina. Quando ero in accademia, le mie maestre dicevano spesso *la danza classica è disciplina* e questo l'ho riscontrato andando avanti, vivendo la danza ogni giorno.

A Cuba, ho avuto la fortuna di studiare la danza classica, essendo uno dei paesi più rinomati al mondo per una tecnica di danza molto forte e di carattere, una delle migliori al mondo.

In questa accademia, vivevo e "respiravo" la danza classica 7 giorni su 7. Avevo la sveglia alle sei del mattino e alle sette dovevo essere perfettamente vestita e pronta per incominciare la giornata. Il colore del body identificava l'anno che si trascorreva, pettinata con lo chignon alto per conferire il senso di lunghezza ed eleganza.

Da quel momento iniziava la giornata con una serie di allenamenti in sala, che contavano 8 ore al giorno, con piccoli intervalli di 10 minuti e 30 per pranzare.

Molte volte la stanchezza, la fame, la lontananza della famiglia e la pressione giornaliera mi facevano piangere e non tutti i giorni avevo la stessa forza e voglia di allenarmi e di dare il massimo come gli insegnanti si aspettavano; nonostante ciò, una volta entrata in sala, capivo il perché ero lì: la passione e il sogno di diventare ballerina era la mia costante.

La grandissima passione, la costanza e la disciplina che avevo appreso mi facevano resistere, restare e perseguire il mio scopo. La mia missione era diventare una ballerina professionale ed esibirmi nei balletti davanti al pubblico.

La danza classica mi ha donato anche questo, la disciplina, che mi ha aiutato a superare momenti difficili durante il mio percorso in accademia, pensando svariate volte di mollare. Una maggior disciplina mi aiuta ancora oggi a mantenere il focus su ciò che devo fare e quando lo devo fare, anche se non ne abbia effettivamente voglia.

Adesso ti voglio raccontare di un caso di estrema disciplina nella danza classica e di come questo grande rigore l'ha portata ad essere la ballerina che ha ballato più a lungo nella carriera di qualsivoglia ballerina al mondo.

2.3. Alicia Alonso, esempio della disciplina e della longevità nella danza classica

All'inizio del libro, ti ho parlato del mio percorso di danza classica a Cuba. Adesso ti voglio riportare la storia di una ballerina eccezionale della danza classica mondiale, quella di Alicia Alonso, il mio riferimento nella danza. Lei è un esempio di costanza, disciplina, un caso umano.

Alicia Alonso, ballerina cubana è fondatrice del Ballet Nacional de Cuba, è stata l'artista più longeva al mondo, senza eguali, ed è questa una delle ragioni della sua unicità, la longevità della sua carriera. Ha iniziato all'età di 10 anni e ha ballato su tutti i palchi più rinomati al mondo e con i più grandi ballerini, oltre i 70 anni di età.

È' considerata la regina di Cuba, per il ruolo importantissimo che ha avuto creando la scuola di balletto a Cuba, la compagnia BNC Ballet Nacional de Cuba e per aver formato tantissimi ballerini professionisti, oggi sparsi in tutto il mondo, rappresentando Cuba con il modo virtuoso di ballare la danza classica cubana (una sintesi della tecnica russa, italiana e francese).

Alicia è un caso umano e mentale, molto speciale per la sua storia personale. Perde la vista all'età di 30 anni rimanendo completamente cieca, tuttavia continua a ballare senza fermarsi, nonostante non potesse vedere quasi mai. Ha continuato a ballare facendo piroette e *fouetté* in punta, ponendosi perfettamente di fronte al pubblico.

Ricordo un giorno mentre stavamo facendo le prove del balletto Giselle, nel teatro Nacional di Cuba, che oggi porta il suo nome, Alicia Alonso; Alicia è arrivata e si è seduta nel secondo piano del teatro per seguire le prove.

Riusciva a capire esattamente quando sbagliavamo o quando andavamo fuori tempo musicale, sentendo le sole punte che toccavano il pavimento, avendo sviluppato un orecchio molto sensibile dopo aver perso la vista. Questa scena non la potrò mai dimenticare.

La sua storia è di assoluta ispirazione per chi ama la danza, nonostante riserbi ancora dei limiti.

Alicia è un caso che va oltre. E' vero che ha sempre danzato, ma prendo proprio il suo come esempio di disciplina e costanza perché molte volte sento donne lamentarsi del loro corpo non adatto, dell'età o del sentirsi inadeguate, ma ci sono casi e casi, come quello di Alicia, che non si è fermata di fronte ad un ostacolo a dir poco pesante, la perdita della vista, anzi, ha lottato e combattuto per continuare a ballare. Ancora oggi dirige il balletto di Cuba in perfetta forma.

Lei ha sempre detto: "*Non ho mai smesso di ballare* anche quando ero stata in ospedale per un anno intero con gli occhi bendati. Sentivo la musica e ballavo con la mente ripassando ogni passo di danza".

Questa è una forma impressionanti di costanza e disciplina.

Il mio consiglio per te è quello di intraprendere questo percorso concentrata sul focus, eseguire tutto con disciplina e passione, le stesse che hai per la danza.

Che tu stia eseguendo gli esercizi da casa o direttamente ai miei corsi di danza No Under 40, è fondamentale che passi dal sogno alla realtà, ti dai un appuntamento con te stessa e ti eserciti, che siano 10 o 20 minuti. Il tuo risultato dipende anche dal tempo che dedichi al tuo corpo, alla tua danza, alla tua anima.

2.4. Rispetto

Il rispetto era un'altra cosa che veniva insegnata, sin dai primi anni dell'accademia. A partire dal rispettare l'orario di entrare in sala. Un minuto più tardi (per qualsiasi motivo) non era permesso: dovevo trovarmi 10 minuti prima per riscaldarmi e prepararmi fisicamente e mentalmente alla lezione.

Il rispetto e la mancanza di esso erano argomenti molto sensibili: chi non rispettava queste osservanze nei riguardi di un insegnante di danza veniva ripagato con gli interessi.

Davanti al maestro, per esempio, non è consentito sbadigliare, perché in questo modo trasmetti che ti stai annoiando o dimostri poco interesse. Non è neanche lecito sedersi per riposare mentre l'insegnante spiega.

Guardare e basta quando l'insegnante mette in evidenza l'esercizio non va bene: bisogna eseguire anche i movimenti con i piedi e con le braccia per far lavorare la memoria visiva e imparare a memorizzare in poche volte la sequenza completa.

Un'altra forma di rispetto alla lezione è quella di essere pronto nella posizione di inizio dell'esercizio, tanto rilevante come quando si finisce l'esercizio e bisogna rimanere per 3 secondi nella giusta posizione, come fosse una foto: in questo modo si allena il corpo ad un inizio e ad una fine, nella perfetta posizione di esso e con la giusta concentrazione.

2.5. Respirazione

La danza classica No Under 40 pone l'attenzione al corpo e alla mente, facendoli lavorare contemporaneamente.

Attraverso la mia guida e la routine di esercizi specifici introdotti in questo metodo No Under 40, pensato per far lavorare sulla postura, sull'eleganza, sulla flessibilità e sulla tonicità della muscolatura.

Ti voglio anche far comprendere che, oltre le caratteristiche menzionate precedentemente, non può mancare la respirazione. È molto comune vedere ballerini e non ballerini che respirano in maniera sbagliata o che proprio non respirano, creando affaticamento e tensione nella parte superiore del corpo, come le spalle.

La respirazione è un elemento fondamentale che accompagna la danza e viene insegnata fin da piccoli nell'Accademia di danza classica.

Perché è così importante la respirazione durante l'esecuzione degli esercizi?

La respirazione permette di arrivare ad una capacità di movimento più fluido e bello. Mantiene anche il corpo agile e meno pesante nell'attimo in cui si esegue l'allenamento. I muscoli, inoltre, ne traggono molti benefici perché si allungano. Anche se si lavora in contrazione con la respirazione, i muscoli non tenderanno mai ad accorciarsi, quindi risulteranno più forti e allo stesso tempo più lunghi ed elastici.

La respirazione ti aiuterà, inoltre, ad effettuare i movimenti e le sequenze più raffinate e eleganti e a raggiungere un contatto più profondo con te stessa. Sarà il tuo misuratore di energia: ciò vuol dire che non devi mettere più forza nei movimenti, ma semplicemente usare una respirazione corretta, legata ai movimenti con lo scopo di raggiungere determinati risultati e livelli alti.

Allora, vediamo come si respira nella danza classica No Under 40. La respirazione, nella danza come nel canto, avviene dal diaframma e non dal petto. Durante le lezioni No Under 40 propongo alle mie allieve di mettere una mano sul diaframma e inspirare, senza gonfiare la pancia in fuori, poiché devono sentire il lavoro della muscolatura addominale e come la gabbia toracica si innalza e si espande. Consiglio anche a te di provare questo esercizio pratico e di consapevolezza della respirazione.

2.6. Esercizio della respirazione

- Mano destra sul diaframma.
- Inspirare, addominali e torace all'indentro, spalle verso il basso e mani verso l'alto (2 secondi di pausa)
- Espirare più lentamente senza usare la bocca, ma il naso
- Ripetere per 8 volte l'esercizio di seguito.

Adesso puoi iniziare ad implementarlo durante gli esercizi Danza Classica No Under 40 insieme alla mia guida, dove ti aiuterò a sfruttare al massimo queste tecniche in momenti specifici, al fine di ottenere una giusta respirazione e movimenti eleganti, nonché più energia.

2.7. Abbigliamento classico

L'abbigliamento prevede calze rosse o nere, body, pantaloncini o gonnellino, che donano molta eleganza. Così come ti dovrai preparare psicologicamente ad arrivare alla tua concentrazione, all'impegno e alla volontà di migliorarsi, e l'abbigliamento è parte integrante di tutto ciò.

Quando ho aperto il mio primo corso No Under 40 in Italia, nonostante avessi comunicato dell'abbigliamento in anticipo, non c'è stata nemmeno una delle allieve che si fosse presentata adeguatamente ed è stato molto divertente perché le ho viste arrivare persino con abiti da notte.

Per questo motivo, di seguito ti fornirò delle dritte su dove trovare abbigliamento consono alla danza classica.

Pensa che un body ti può durare anni, quindi il costo non è per niente alto se poi potete usarlo nel tempo. È importante l'abbigliamento adeguato, perché, oltre ad attribuirti eleganza (che è una delle prerogative a cui tengo), aiuta al maestro a vedere meglio come lavora il tuo corpo e la tua muscolatura.

- Reart (Negozio Danza) Corso Garibaldi, Milano.
- Tezenis (Negozi Intimo) troverete dei body che si adattano alla danza.

- http://www.amazon.it/ (negozio online)
- http://www.harmony.it/ (negozio danza online)

2.8. *Un filo di trucco*

Una delle materie che più mi piaceva in accademia era il trucco artistico. Imparare a truccarmi per il palcoscenico non era facilissimo. Dovevo risaltare molto gli occhi con tanto eyeliner e i zigomi dovevo sfumarli in modo tale che il viso sembrasse più lungo.

Con la pratica, sono arrivata a fare dei trucchi artistici sempre più belli e più velocemente. La velocità era importantissima. A volte in una serata di galà dovevo interpretare due o tre balletti con personaggi diversi, quindi il trucco cambiava a seconda del ruolo. Essere autonoma in questo è stato fondamentale, sebbene avessi già la truccatrice a disposizione. Trucco per tutti, uomini e donne diventava davvero impegnativo.

Nelle giornate quotidiane in accademia, i maîtres chiedevano di presentarci sempre in modo curato e con un solo filo di trucco ci rendevano più piacevoli, ordinate e perché no, anche più sicure. A seconda di come mi sentivo quel giorno o rispetto al tipo di balletto che dovevo provare, giocavo a farmi un trucco che rispecchiasse una determinata personalità.

Per esempio, il giorno che volevo essere più "bambola", perché avevo le prove di Coppélia, accentuavo di più le guance con il fard o il giorno che dovevo provare la Giselle mi facevo un trucco per avere un incarnato che ispirasse passione e romanticismo.

Alle lezioni di danza classica No Under 40 le donne che vengono per la prima volta si presentano senza trucco. Racconto loro che il trucco è la parte fondamentale del metodo, come lo è l'abbigliamento corretto e la pettinatura raccolta. *Non mi trucco mai* è la risposta che riscontro.

Insisto ancora alla seconda e alla terza lezione e, quando iniziano a truccarsi, mi confessano che si piacciono di più e si percepiscono più belle nelle lezioni di danza.

Come ti ho raccontato poco fa, il trucco può darti più sicurezza e risalto a qualsiasi età. Adesso ti fornisco un esempio di trucco che uso quando non ho tempo, si fa in due minuti.

Un filo di trucco per lezione danza classica:
- Correttore
- Mascara
- Rossetto

Estendi un po' di correttore sotto gli occhi per renderli più freschi, un po' di mascara per pettinare le ciglia e per rendere lo sguardo più aperto e intenso, infine il rossetto, di un colore chiaro per dare lucidità alle labbra.

2.9. Lo chignon

Indubbiamente, lo chignon ha un ruolo importantissimo nell'estetica delle ballerine classiche. Nei miei primi anni di accademia, mia mamma non sapeva pettinarmi. Ogni volta a lezione cadeva il mio chignon e i capelli mi andavano a finire tutti in faccia.

C'era una ragazza in accademia tre anni più grande di me, che si era affezionata a me e mi aspettava ogni mattina per pettinarmi. Il maître si arrabbiava se la mia pettinatura non era perfetta, controllava ogni movimento della testa e del collo lungo, grazie all'acconciatura alta.

Avere una acconciatura da ballerina ti conferisce eleganza e libertà dei movimenti.

2.10. Chignon per danza classica:
- Elastico
- Forcine lunghe
- Spazzola

Fai una coda di cavallo, attorcigliata intorno alla base, ferma il tutto con quattro o cinque forcine. Ecco, adesso sarai perfetta per la lezione di Danza Classica No Under 40.

Se vuoi essere sicura che non cada, inoltre, puoi finalizzare lo chignon con una retina dello stesso colore dei capelli.

RIEPILOGO DEL CAPITOLO 2:

- SEGRETO n. 1: Fatti guidare da un'insegnante che tenga dei corsi attivi per adulti che non hanno mai ballato.
- SEGRETO n. 2: Lavora seguendo una giusta consapevolezza e non tanto per eseguire gli esercizi. Ogni giorno puoi raggiungere un miglioramento, tonificare le braccia, raggiungere una migliore flessibilità e una giusta interpretazione.
- SEGRETO n. 3: La respirazione si effettua partendo dal diaframma che poi si espande verso l'alto. Ti darà più energia ed eseguirai movimenti più dolci.
- SEGRETO n. 4: Tieni al tuo aspetto e alla tua presenza, sia durante la lezione che al di fuori. Un filo di trucco e un abbigliamento corretto ti donerà più sicurezza.

Capitolo 3:
Come avere una postura elegante

Nel metodo Danza Classica No Under 40 è di estrema importanza correggere la postura sbagliata che si è creata nel tempo ed "educare" il tuo corpo ad un portamento corretto, fiero ed elegante. Proprio come fa la danza classica con i corpi dei ballerini.

Il computer, l'uso eccessivo del cellulare, le emozioni che riceviamo tutti i giorni, il nostro passato, la nostra storia sono cariche di emozioni e di tensioni muscolari che portano a creare una corazza, come una seconda natura del proprio corpo, che comportano, nel tempo, dei rischi per la tua salute. Voglio offrirti tutte le informazioni che ti saranno d'ausilio per costruire la tua postura elegante.

Attraverso esercizi specifici che si fanno nella danza classica, puoi migliorare molto velocemente e, quando sarai in giro, ci farai senza dubbio più attenzione, osserverai altre donne e avrai tutta un'altra consapevolezza sul come porti in maniera retta. Insomma imparerai ad essere più accorta a quello che trasmetti con la tua postura.

3.1. Siamo il nostro corpo e questo parla di noi

Nel mio percorso di insegnamento, ho trovato tante donne con un portamento scorretto, con spalle cadenti, capo inclinato in avanti e schiena curva e rigida. Una ricerca continua e tanta attenzione personalizzata alle allieve hanno portato ottimi risultati alla loro postura.

Dopo aver eseguito il lavoro a terra, arriva il momento della correzione e dell'impostazione della corretta postura. A lezione, faccio eseguire vari esercizi, in tutte le posizioni dei piedi, per un allineamento della schiena e per far capire meglio alle allieve quali sono i punti di sostegno del corpo: piedi, bacino, schiena e scapole.

L'obiettivo è quello di acquisire una maggiore consapevolezza della postura durante la lezione e per la vita di tutti giorni.

Vediamo insieme come ottenere una postura corretta:

- Postura elegante:

La postura deve essere dritta e allungata all'insù. Visualizzala come se un filo ti tirasse dalla testa lungo verso l'alto; il collo deve essere allungato e mento a 90°, lo sguardo dritto e lontano.

Le spalle sono rilassate verso il basso, devono essere aperte in una sola linea con le anche e le caviglie. I piedi sono posizionati in una linea retta con la rotazione delle anche all'fuori (*en dehors*, parola francese per dire "verso l'esterno").

Il peso del corpo deve essere ben distribuito su entrambi piedi. L'addome è contratto verso l'interno e i piedi sono ben supportati a terra. Le gambe sono tese e allungate al massimo.

Tutta questa parte riguarda la postura iniziale e la fine di ogni esercizio.

Ma attenzione: avere una postura dritta non vuol dire essere rigida, ma allineata, in modo tale da trasmettere sicurezza.
Link video Postura: https://youtu.be/L31Sim63ZSg

- Posizioni dei piedi:

Nella costruzione del metodo No Under 40 ho pensato di usare tutte le posizioni delle gambe, escludendo la quinta per la sua difficoltà di apertura delle anche. Tutte le disposizioni dei piedi della danza classica si basano sul principio dell'*en dehors;* gambe e piedi sono ruotati all'esterno di 90° rispetto all'asse del corpo. Vediamole insieme:

Prima posizione: i piedi si posizionano aperti, con i talloni vicini e le punte rivolte il più possibile all'esterno. Le gambe sono tesissime e la posizione del corpo è dritta e allungata il più possibile all'insù per togliere il peso dalle caviglie.

Seconda posizione: in questa posizione segui sempre la linea dei piedi della prima, solo che, a differenza di questa, i talloni sono alla distanza di un piede. Per capire se hai effettuato la seconda posizione corretta, i tuoi talloni devono essere posizionati in linea invisibile con le tue spalle.

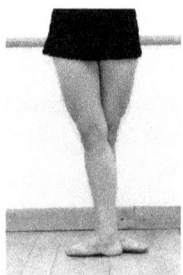

Terza posizione: nella terza posizione le cosce sono ruotate all'esterno, mantenendo l'apertura delle gambe. I piedi si toccano tra di loro, all'altezza dei talloni, un piede davanti all'altro, in modo tale da formare due linee parallele.

Quarta posizione: la quarta posizione dei piedi è molto simile alla terza. A differenza di quest'ultima, la prima si allontana con la distanza approssimata di un piccolo passo. Qui le gambe sono ben ruotate in fuori.

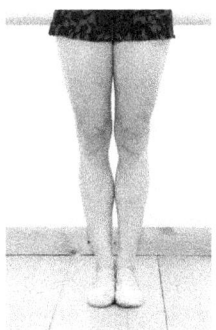

Sesta posizione: i piedi sono paralleli ed adiacenti, punta con punta, tallone con tallone, e non c'è nessuna rotazione verso l'esterno. Questa posizione sarà utilizzata soprattutto all'inizio della lezione per il riscaldamento.

3.2. Le braccia della danza classica accademica

La posizione delle braccia si studia in accademia, fin dal primo anno. È una componente fondamentale di bellezza e di grande valore espressivo. Mi piace pensare alle braccia delle ballerine come alle ali del corpo.

Quando spiego le braccia alle mie allieve, torno indietro, a quando ero bambina. Le mie insegnanti mi dicevano: "Le braccia sono arrotondate come se abbracciassero un grande pallone e vanno tenute in aria, come se sotto ci fossero due grandi chiodi a sostenerle".

Un altro aspetto importante, di cui dovrai tener conto, sono le braccia che devono essere impostate correttamente, sostenendo così il *balance* (equilibrio). Per i ballerini professionisti che effettuano passi e devono sostenere più sforzi, come grandi salti e molti giri, le braccia fungono da supporto.

Vediamo insieme le braccia del metodo No Under 40.

La scuola italiana, come quella cubana, conta di ben 5 posizioni delle braccia. Nel Metodo No Under 40, per semplificare il lavoro, ho voluto concentrarmi su quattro posizioni, seguendo il metodo accademico russo.

Posizione preparatoria: con questa posizione si prestabilisce l'inizio d'ogni esercizio. Le braccia sono in forma ovale verso il basso, all'altezza delle cosce, ma separate da queste. I gomiti sono flessi, orientati verso l'esterno. Pollice e dita centrali a malapena si toccano.

Prima posizione delle braccia: le braccia sono arrotondate e i palmi delle mani sono rivolti verso lo stomaco. Pollice e dita centrali sono vicini. Per ultimo, i gomiti sono esterni e non si lasciano cadere verso il basso.

Attenzione, però, a non alzare le spalle. Questo errore ricorre molto nelle allieve principianti.

Seconda posizione delle braccia: questa posizione è la più difficile da assumere correttamente. Le braccia sono aperte e seguono la linea delle spalle, i palmi delle mani disposti in avanti, verso il pubblico. I gomiti leggermente flessi e gli avambracci leggermente sempre in avanti rispetto alle spalle.

Terza posizione delle braccia: qui le braccia sono ovali sopra la testa, ma leggermente in avanti. I gomiti sono semiflessi ed i palmi delle mani guardano verso il basso. La suddetta posizione delle braccia è opposta a quella preparatoria.

Allongé: è un movimento di respirazione delle braccia che può essere eseguito da tutte le posizioni. Da quella *arrondì* (arrotondata), preparatoria, si aprono le braccia in una posizione allungata all'altezza dei fianchi, come se si sostenesse un gonnellino aperto.

In *allongé* le braccia sono lunghe e le dita in linea con tutto il braccio.

Ma attenzione a non spezzare i polsi!

Adesso condivido un video per aiutarti a comprendere meglio come vengono disposte le braccia della danza classica accademica e del metodo No Under 40.

Link Video Tutorial: https://youtu.be/F0NoWw9R6bw

RIEPILOGO DEL CAPITOLO 3:

- SEGRETO n. 1: Nella danza classica, come, del resto, nella vita, avere una postura dritta è segno di fierezza ed eleganza.
- SEGRETO n. 2: Per una postura corretta, devi distribuire bene il peso del corpo, mantenendo un buon portamento al centro e allungare il busto verso l'alto.
- SEGRETO n. 3: Per disporre correttamente i piedi, devi stringere i glutei, al fine di dare una maggior apertura alle gambe in *en dehors*.
- SEGRETO n. 4: Lavora con le braccia davanti allo specchio per migliorare la forma arrotondata e i gomiti devono essere sostenuti.

Capitolo 4:
Come iniziare il viaggio di trasformazione

Sono entrata all'Accademia di danza classica per puro caso. Ero all'elementari, insieme a mio fratello gemello, avevamo tutti e due 9 anni.

Un giorno arrivò un team di insegnanti di danza classica e scelsero mio fratello per entrare a far parte della scuola di *ballet*. Non volevo separarmi da lui e l'idea di ballare mi piaceva, ma loro non erano interessati alle femmine, avevano già il corso completo con quindici bambine.

Disperata dall'idea di vedere mio fratello separarsi da me, cominciai a richiamare l'attenzione ballando per tutta la classe. Notarono subito il mio entusiasmo e il modo in cui riuscivo a muovermi con gesti dolci e naturali.

Alla fine, il team mi indicò e mi fecero segno di andare verso loro, sembravano curiose di me e mi chiesero di presentarmi alle audizioni il giorno dopo, avevano visto in me delle qualità naturali per la danza. La mia risposta fu: "Grazie, non vi deluderò, sono parole che provengono dal profondo del cuore".

Così, all'ultimo minuto, hanno preso anche me. Ero felicissima di poter entrare in accademia insieme a mio fratello. Il giorno dopo abbiamo cominciato.

Il tempo è trascorso molto velocemente e quando mi sono guardata indietro, ricordando quel giorno in cui la danza mi ha "trovata", erano ormai passati otto anni.

Questi anni di accademia mi hanno cambiata spiritualmente e modellata fisicamente.

Ringrazio la danza classica perché mi ha donato grandi insegnamenti di vita, mi ha donato un carattere forte, mi ha fatto crescere con dei grandi valori di disciplina, di responsabilità e giorno dopo giorno mi ha insegnato a credere in me stessa e a non pormi limiti, a sognare, ad essere gentile e vivere con passione.

Dal punto di vista fisico, la danza classica mi ha modellata, riuscendo ad ottenere un corpo forte che oggi mi permette di fare qualsiasi altro allenamento desideri fare, poiché conosco il mio corpo e sono in grado di gestirlo al meglio; mi ha concesso flessibilità, donato grazia ed eleganza e mi ha insegnato a prendermi cura di me.

Oggi, grazie alla mia esperienza, nasce questo libro ispirato dal risultato che, giorno dopo giorno, sta raggiungendo un pubblico sempre più vasto nelle No Under 40.

Con ciò, non voglio convincere che la danza classica No Under 40 sia la cosa giusta o la migliore o quella che assolutamente devi fare.

La suddetta danza è stata creata non per diventare ballerine dopo i 40, bensì basandosi sui migliori principi, sugli esercizi più adatti, rispettando i limiti che possono presentarsi ad una certa età, per trasformare il tuo corpo attraverso una crescita nel tempo ed infine per migliorare la qualità di vita, anche a livello salutare.

Il metodo Danza Classica No Under 40 parte dalla preparazione fisica del tuo corpo, proprio come ho imparato io in quegli anni di accademia, che poi mi hanno permesso di eseguire esercizi e combinazioni con il corpo sempre più difficili a livello di forza muscolare e di coordinazione, il tutto unito al ritmo della musica.

Il lavoro che affronterai sarà innanzitutto di preparazione fisica a terra che ho chiamato *warm up* ed è ispirato alla routine delle ballerine classiche, di esercizi divertenti e motivanti. Questo allenamento non ha niente a che vedere con altri inerenti per esempio al fitness o comunque di altri che prevedono l'utilizzo dei pesi.

Sarà un allenamento che andrà molto più in profondità e che ti conferirà forza e volume nei tuoi muscoli. Come ben sai, la danza classica è un allenamento molto duro, di cui il corpo deve rimanere sottile, raffinato e la muscolatura lunga, a differenza di chi segue altri tipi di allenamenti in palestra.

È di grande importanza per te questa parte preparatoria *Warm up* come è stato, lo è e lo sarà sempre per me. Allineare e rinforzare la muscolatura e la mobilità del tuo corpo, dalla punta dei piedi fino alla testa, è fondamentale per tenerti lontana dal rischio di lesioni e dai dolori e tensioni muscolari.

Il lavoro sarà specifico e mirato. Ogni parte della lezione è ben strutturata e pensata per ottenere risultati mirati a soddisfare ogni bisogno del corpo, oltre al divertimento che ci sarà sempre in ogni lezione di danza.

Gli esercizi del *warm up* sono adatti a tutte, aumenterà soltanto l'intensità e la quantità delle serie per fascia di età, dai 40 ai 50 anni e dai 50 ai 60.

Theraband sarà l'elastico che accompagnerà lo stretching della parte iniziale del *warm up*. Questo elastico, usato dai ballerini, (ma anche con scopo di riabilitazione) è lungo quasi 2,5 metri, a forma di fascia che ti aiuterà ad aumentare la forza, la mobilità del corpo e l'elasticità. Potrai acquistarlo su internet o nei negozi sportivi.

Il *warm up* a terra e lo stretching che ho disegnato per teè lo stesso che seguo anch'io, il segreto numero 1 che mi ha donato una muscolatura lunga, forte e una maggior mobilità ed elasticità del corpo, ancora oggi che mi sto concentrando di più sull'insegnamento e come ballerina attiva.

La storia di Katia, una mia allieva, mi ha colpita dopo la quinta lezione del percorso. Si è avvicinata a me, molto felice del percorso e ringraziandomi per avere portato in Italia l'iniziativa della danza classica per le donne sopra i 40 anni.

Le sue parole sono state: "Seguire le tue lezioni mi hanno fatto risvegliare dei muscoli che dormivano da anni e altri che nemmeno sapevo di avere. Mi sento un'altra persona, vanno via le mie tensioni e arriva la sensazione di leggerezza e di libertà".

Amo vedere la trasformazione fisica e i benefici salutari che ottengono le mie allieve in così poco tempo. È per questo che ci tengo così tanto ad arrivare a più donne possibili in questa mia missione: rendere la danza classica alla portata di tutte le donne adulte, qualsiasi sia il fisico, le capacità o il background.

Iniziamo con la prima parte del programma: il *Warm up* che parte ovviamente dallo stretching.

Lo stretching, senza dubbio, lo ritengo molto interessante e da fare ogni giorno per chiunque e a qualsiasi età. A differenza di un allenamento di forza (che ha bisogno di giorni di pausa), può essere fatto ogni giorno; svolto quotidianamente, ti donerà longevità. Quindi, niente scuse, si può fare la mattina, la sera e prima e dopo gli allenamenti. Anche a letto, come risveglio muscolare.

4.1. Come eseguire uno stretching di qualità?

Gli esercizi che ho preparato per te abbinano l'elastico *theraband*, la visualizzazione del muscolo che lavora e la respirazione, rimanendo in ogni posizione per 30 secondi.

Durante lo stretching, chiedo alle allieve di partire sempre con la respirazione all'inizio di ogni esercizio e di visualizzare il muscolo che lavora in quel momento che si allunga.

È importante acquisire questa consapevolezza di respirazione e di visualizzazione e metterla fin da subito in pratica per diventare una cosa sola col proprio corpo e ottenere risultati eccellenti velocemente.

Sono pochi i maestri che insistono sulla respirazione. Infatti, quando ho riscontrato i benefici che mi donava, è diventata fondamentale nel mio modo di allenarmi e di allungarmi. Respirare consente di far fluire ossigeno alla muscolatura. Un esercizio del genere, svolto in modo corretto, conferisce più energia nonché più forza al corpo.

4.2. Warm up a terra

- Esempio 1: Fai stretching con tutte e due i piedi a martello utilizzando l'elastico *theraband*.

Siediti a terra sul materassino, le gambe sono tese e la schiena dritta a 90°. I piedi sono in flessione, con le punte che guardano verso l'alto. Con le due braccia tirate, utilizza l'elastico *theraband* facendo forza verso di te e mantieni la posizione per 30 secondi. Questo esercizio lavora sull'allineamento delle anche, delle ginocchia e dei polpacci per renderli forti e allungati.

- Esempio 2: Posizione dei piedi in punta, utilizzando l'elastico *theraband*.

Le punte sono piegate verso il pavimento. Avvolgi l'elastico *theraband* sopra le punte, tiralo con forza verso di te per 30 secondi.

All'inizio, questo esercizio ti darà una sensazione di crampi ai piedi, ma niente di strano, è un lavoro nuovo per te, nel quale metti in azione nuovi tendini e muscoli come i polpacci. Questa sensazione di "molestia" passerà dopo alcune ripetizioni. Ma attenzione: le ginocchia vanno tese e la schiena non si piega indietro, ma si mantiene dritta.

- Esempio3: Fai stretching del busto-laterale destro e laterale sinistro.

Vai terra sul materassino con le gambe divaricate.

Dal centro, respira e allungati verso l'alto, portando il braccio in terza posizione sopra la testa, mentre ti pieghi con tutto il busto verso la gamba destra. Entrambi i piedi sono in flessione. In questo caso, l'elastico *theraband* serve ad allungare tutto l'interno della gamba.

Questo esercizio coinvolge e fa lavorare grandi adduttori e muscoli obliqui del busto. Rimanici per 30 secondi.

Ritorna al centro e ripeti l'esercizio per il lato sinistro. Qui lavora la flessibilità del busto, dei muscoli obliqui e l'apertura delle gambe. Ma attenzione: il busto deve restare completamente dritto e frontale rispetto al suo piegamento.

- Esempio 4: Fai stretching del busto in avanti, a destra e a sinistra

Dal centro, respira e gira il busto verso la gamba destra; questo si allunga verso l'alto per poi piegarsi lentamente, fino toccare la gamba. Il piede è in flessione. Rimani in questa posizione tirando l'elastico *theraband* per 30 secondi.

Questo esercizio lavora sugli adduttori dell'anca e sull'interno coscia.

Ritorna poi al centro e ripeti il tutto per il lato sinistro.

Ma attenzione: non piegare il ginocchio per venire incontro al busto.

- Esempio 5: Addominali piccole e grandi

Sdraiati a terra, pancia all'insù e gambe piegate. Fai 8 piccoli addominali di contrazione dell'addome, con le braccia arrotondate ai lati del corpo. Eseguine altri 8 grandi, salendo con tutto il busto, fino a sederti. Il busto sale a 90°, le spalle si mantengono piegate e immobili e le braccia sopra la testa, in terza posizione. Qui lavorano piccoli e grandi addominali e braccia.

Ma attenzione: se all'inizio non riesci ad effettuare addominali grandi, ripeti da capo gli 8 piccoli, finché non arriverai a fare quelli grandi.

- Esempio 6: Torsioni piccole e grandi

Esegui 16 piccole torsioni a destra e sinistra. Le braccia sono poste in prima posizione. Ogni volta si passa al centro. Poi effettua altre 16 grandi torsioni a destra e sinistra. Le braccia portale in terza posizione sopra la testa. Fai un'altrettanta grande torsione a destra, aprendo il braccio destro dalla terza in *allongé*. Infine, effettua sempre una grande torsione a sinistra, aprendo il braccio sinistro laterale dalla terza in *allongé*. Qui lavorano l'obliquo interno ed esterno e i piccoli e grandi pettorali.

Ma attenzione: ogni volta che fai la grande torsione, devi passare al centro con la schiena dritta e, quando pieghi il busto laterale, apri il braccio in *allongé*.

Esempio 7: Interno cosce piccole e grandi
Fai 8 piccoli slanci della gamba destra con il braccio che sale in *allongé*. Eseguine altri 8 grandi con due mani poggiate sul materassino. Qui lavorano l'interno cosce, gli adduttori delle anche, l'inguine e le braccia. Ripeti il tutto per il lato sinistro.
Ma attenzione: mantieni il busto dritto e frontale. La gamba che lanci quando scendi deve essere controllata per lavorare appunto anche sulla discesa.

Esempio 8: Glutei fissi e alti
Fai 8 piccoli slanci della gamba destra, con il ginocchio piegato verso l'alto. Effettuane altri 8 grandi, con la gamba tesa verso

l'alto. Con quest'ultimo esercizio lavorano piccoli e grandi glutei. Ripeti, poi, da capo con la gamba sinistra.

Guarda il video per eseguire il *Warm up* No Under 40.
Link video *Warm Up* completo: https://youtu.be/mrtQ7kXPhkU

Adesso che ti sei riscaldata con questa prima parte di *Warm up* preparatoria, il tuo corpo e la tua muscolatura sono pronti per il lavoro successivo che corrisponde alla sbarra.

La tua temperatura interna, in questo momento, sarà più alta e di conseguenza i tuoi muscoli più caldi e pronti. Questo lavoro preparatorio a lezione dura intorno ai 15 minuti.

Come vedi, non ci vuole tanto tempo, puoi farli di mattino o di sera, prima della doccia. Quindi ripeto: niente scuse!

RIEPILOGO DEL CAPITOLO 4:

- SEGRETO n. 1: La danza classica ti modella, sia fisicamente che spiritualmente. A livello fisico ti dona una muscolatura forte e un corpo più allungato e longilineo. A livello spirituale t'impresta molta disciplina e sensibilità.
- SEGRETO n. 2: Lo stretching, fatto prima o dopo la lezione, aiuta a tenerti lontana dai rischi di lesioni e tensioni muscolari.
- SEGRETO n. 3: Usa la visualizzazione abbinata alla respirazione. Aiuta a far fluire l'ossigeno e a dosare la forza.
- SEGRETO n. 4: Nella prima parte del *warm up*, lo stretching si esegue con l'elastico *theraband*. Quest'ultimo serve a migliorare l'elasticità e a potenziare il funzionamento dei muscoli.
- SEGRETO n. 5: La seconda parte del *warm up* serve a lavorare sulla tonicità e sulla forza e asciuga ogni parte del corpo (addome, interno cosce, glutei).
- SEGRETO n. 6: Puoi trovare il tempo per eseguire questo *warm up* preparatorio anche a casa. I benefici arriveranno molto prima di ciò che ti aspetti.

Capitolo 5:
Alla scoperta della postura elegante

La danza classica è considerata la madre di tutte le altre danze. Ballarla con passione, emozionarsi e imparare a viaggiare tramite la danza verso mondi diversi e personaggi di tutti i tipi è possibile a qualsiasi età, anche se si inizia in età adulta.

Respira, muoviti con armonia, sentiti una vera e propria principessa, sorridi, lasciati trasportare dalla musica: sono alcune delle parole che dico continuamente alle mie allieve No Under 40 per aiutarle, affinché si emozionino e imparino a divertirsi con la danza classica e non essere, inoltre, troppo prese o troppo preoccupate dalla tecnica.

Il lavoro che ho preparato per eseguire l'esercizi alla sbarra si concentra sul lato anatomico, posturale e di coordinazione del corpo con la musica.

Non si effettueranno grandi serie di *développements* o

grandsbattements, ma ci si concentrerà su un lavoro di consapevolezza dell'allineamento della postura elegante, dei movimenti fluidi e dei muscoli che si mettono in azione in ogni esercizio.

È opportuno capire esattamente come lavora la muscolatura quando si contrae e quando si allunga. Bisogna "educare" il muscolo di azione ad eseguire bene il movimento e a muovere il corpo in armonia con la musica.

Alla sbarra ci saranno esercizi molto lenti, prima con due mani di fronte alla sbarra e successivamente con una sola, in direzione *croisè* (diagonale della sala).

Ogni esercizio si eseguirà due volte, prima per il lato destro, dove appunto la gamba d'azione è la destra, poi per quello sinistro. In questo modo è certo che entrambe le gambe lavorano bene.

Nel programma del metodo Danza Classica No Under 40 ho preferito usare fin da subito la posizione alla diagonale *croisè* e non di profilo, come, tuttavia, s'insegna nei primi anni di accademia.

Questa mia scelta è stata ben ponderata per evitare di far girare continuamente le allieve di profilo e permettere, dunque, di controllarsi allo specchio durante l'esercizio, facendole accorgere dell'assunzione di posture sbagliate. Lo specchio, da una parte, serve ai ballerini appunto per raddrizzarsi, tuttavia può rivelarsi un'arma a doppio taglio: potrebbe far distogliere l'attenzione sulla danza e conseguentemente a giudicarsi, in genere, negativamente.

Ricordo che, quando ero in accademia o in compagnia, sia l'insegnante che i coreografi ci facevano eseguire le prove di schiena allo specchio per accertarsi che avessimo imparato a memoria le sequenze, ma anche per evitare che ci guardassimo troppo allo specchio e ci dimenticassimo di una delle componenti più importanti di un ballerino, l'interpretazione.

La posizione *croisè* è quella del corpo e delle gambe a 3/4 che guarda verso la diagonale 1 della sala, mentre a sinistra guarda verso la diagonale 2.

Alla sbarra si eseguiranno soprattutto coordinazione di piedi con movimenti delle piccole braccia e poco della testa. In un primo momento gli esercizi verranno effettuati a tempo lento, successivamente ad uno un pò più "secco", che non vuol dire più veloce.

5.1. La Musica

La musica viene prima di tutto. Senza musica non esiste la danza. Ecco perché, già dai primi anni dell'accademia, seguivo corsi appositi di solfeggio, per imparare a sentire la musica e a contarla. Inizialmente le lezioni erano lente e gli esercizi venivano ripetuti varie volte, finché l'esecuzione fosse perfettamente a tempo con la musica. Per me era molto più complicato, da piccola, andare adagio, perché voleva dire legare il movimento alla musica come se non finisse mai.

Al contrario, gli esercizi più dinamici ed energici erano più facili per me, riuscivo a sentire meglio la "battuta forte"(cioè il tempo forte), dove in pratica si esegue l'azione. Anche nelle allieve ho riscontrato che, all'inizio del percorso, trovano più difficoltoso eseguire gli esercizi adagio, piuttosto che quelli più dinamici e di carattere dove la battuta è più forte.

Certo con te non farò tutto il lavoro che ho seguito nelle lezioni di solfeggio in accademia, ma cercherò semplicemente di trasferirti concetti più importanti attraverso immagini e sensazioni.
È veramente emozionante per me quando, dopo qualche lezione, vedo le mie allieve effettuare esercizi all'unisono e a tempo di musica.

Vediamo insieme tutti i tempi musicali:
- 4/4 = 4 tempi lenti
- 2/4 = 2 tempi veloci (polka o galop)
- 3/4 = tempo di valzer

Gli esercizi si costruiscono su pezzi quadrati:
- 4 battute = 1 quadrato
- 8 battute = 2 quadrati
- 12 battute = 3 quadrati
- 16 battute = 4 quadrati

Esempio:

- 2/4= 2 tempi (1,2)
- 4/4= 4 tempi (1,2,3,4)
- 3/4= 3 tempi di valzer (1,2,3...1,2,3...)

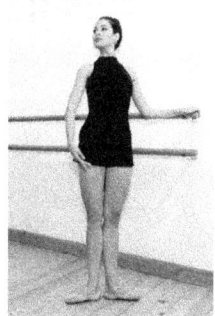

5.2. Procedura alla Sbarra

1) *Demi plié* (in prima e in seconda posizione)

2) *Battement tendu* (in seconda posizione, *en avant, en derrière*)

3) *Ronds de jambe par terre* (*en dehors, en dedans*)

4) *Battement fondu* (in seconda posizione, *enavant, en derrière*)

5) *Battement frappé* (in seconda posizione, *enavant, en derrière*)

6) *Relevélent* (*en avant*, in seconda posizione, *en derrière*)

7) *Suplé*

8)   *Cambré*

9)   *Port de bras* alla sbarra e senza

- Esempio 1: *Demi plié* in prima e in seconda posizione

Il *demi plié* è una parola francese che vuol dire "piegamento delle gambe"; mentre si esegue, il busto si mantiene dritto e si allunga verso l'alto. Questo movimento si esegue con un carattere morbido ed elegante. Aiuta a sviluppare elasticità e apertura delle anche, delle ginocchia e delle caviglie all'infuori. In particolar modo rafforza il tendine di Achille e prepara tutto il corpo ad altri esercizi più difficili.

Il *demi plié* in seconda posizione si esegue lasciando un piede di distanza fra i talloni.

Ma attenzione: i *demi plié* si eseguono senza alzare i talloni da terra e il gluteo deve essere indentro per supportare l'apertura delle ginocchia all'infuori.

Esempio: *Demi plié* con una o due mani alla sbarra, a tempo musicale di 4/4:

1, 2, 3, 4, piego a *demi plié*
1, 2, 3, 4, stendo le gambe
1, 2, 3, 4, piego a *demi plié*
1, 2, 3, 4, stendo le gambe
1, 2, 3, 4, piego a *demi plié*
1, 2, 3, 4, stendo le gambe
1, 2, 3, 4, *demi portbras* che chiude alla preparatoria
1, 2, 3, 4, fai ugualmente per la seconda posizione dei piedi
Link video *Demi plié*: https://youtu.be/u-ewy829AZY

- Esempio 2: *Battement tendu* in seconda, *avant* e *derrière*

Il *battement tendu* è un movimento della gamba tesa che apre strisciando sul pavimento. Il suddetto movimento è fondamentale nella tecnica della danza classica e preparatorio ad altri passi più difficili. Questo passo potenzia la muscolatura di tutto l'arto inferiore e la forza del piede e della caviglia.

Si parte dalla posizione in prima dei piedi e si esegue il *tendu* in seconda, più facile da comprendere per gli allievi, successivamente si insegna *avant* e *derrière*.

Quando il *battement* si esegue inprima posizione dei piedi la linea guida della gamba d'azione (sia *avant* che *derrière*) è quella della spalla, in seconda quella del tallone di base.

Ma attenzione: al rientro del *battement tendu* si mantiene la gamba dritta e non piegata. Per eseguirlo correttamente, per prima cosa si poggiano le dita e poi tutto il piede rientra in prima posizione. In accademia ci insegnavano a mostrare sempre il tallone al pubblico.

Esempio: *Battement tendu* in seconda posizione con una o due mani alla sbarra, a tempo musicale di 4/4, dopo di 2/4:

1, 2, 3, 4, apro il *battement tendu* in seconda posizione
1, 2, 3, 4, chiudo il *battement tendu* in prima posizione
1, 2, 3, 4, apro il *battement tendu* in seconda posizione
1, 2, 3, 4, chiudo il *battement tendu*in prima posizione

1,2, apro il *battement tendu* in seconda posizione,3,4,chiudo in prima posizione

1,2, apro il *battement tendu* in seconda posizione, 3,4,chiudo in prima posizione

1,2, apro il *battement tendu* in seconda posizione, 3,4,chiudo in prima posizione

1,2, apro il *battement tendu* in seconda posizione, 3,4 chiudo in prima posizione

Link video *Battement Tendu*: https://youtu.be/PzxNWFbvdEM

- Esempio 3: *Ronds de jambe par terre, en dehors/en dedans*
Questo passo si esegue con la gamba d'azione che forma un semicerchio, andando *en avant* e *en derrière* (definito *en dehors*), viceversa partendo da dietro, *en dedans*. Il suddetto passo parte con un *battement tendu*, davanti o dietro, e prosegue con il

disegno del piede a forma di semicerchio a terra, legato e senza pausa. L'obiettivo è quello di acquisire un movimento soffice e aggraziato del piede.

Ma attenzione: il peso del corpo si trasferisce sin da subito sulla gamba di sostegno, mentre quella d'azione mantiene l'apertura dell'anca durante il *ronds de jambe* e la punta del piede che disegna non si stacca mai da terra.

Esempio: *Ronds de jambe par terre en dehors/en dedans* con una e due mani, a tempo musicale di 4/4:
1, 2, 3, 4, *ronds de jambe en dehors*
per 4 volte, da davanti a dietro
1, 2, 3, 4, *ronds de jambe en dedans*
per 4 volte, da dietro in avanti
Link video *Ronds de jambe en dehors*: https://youtu.be/TlSsJbst-CM

- Esempio 4: *Battement fondu* in seconda posizione, *en avant* e *en derrière*

Il carattere di questo passo è morbido, elegante e di coordinazione. *Battement fondu* in francese vuol dire "andare a fondo".

Si parte con una preparazione *tendu* in seconda, la gamba destra si semi piega ed entra a *cou-depied* davanti, puntando all'osso della caviglia e la gamba di base, contemporaneamente, si piega a *demi plié*. Entrambe si stendono e la gamba destra apre davanti *en l'air* (in alto) a 45°.

Questo movimento si esegue in seconda posizione e dietro. Il suddetto esercizio è di estrema importanza per la coordinazione del movimento e l'elasticità della muscolatura della gamba in alto, ma non solo, è utile anche per la rotazione in fuori dell'anca.

Ma attenzione: quando esegui il *battement fondu en avant* e in seconda posizione, la punta del piede poggia sul collo della gamba di base (*cou-de pied*). Quando si esegue *en derrière* sarà il collo del piede della gamba d'azione ad appoggiarsi su quello della gamba di base.

Esempio: *Battement fondu* in seconda posizione, *en avant, en derrière* con una e due mani alla sbarra, a tempo musicale di 4/4:

1, 2, 3, 4, piego il *cou-de pied en avant*

1, 2, 3, 4, stendo la gamba *en fondu* in seconda posizione

1, 2, 3, 4, piego il *cou-de pied en avant*

1, 2, 3, 4, stendo la gamba *en fondu en avant*

1, 2, 3, 4, piego il *cou-de pied en avant*

1, 2, 3, 4, stendo la gamba *en fondu* in seconda posizione

1, 2, 3, 4, piego il *cou-de pied en derrière*

1, 2, 3, 4, stendo la gamba *en fondu en derrière*

Link video *Battement Fondu*: https://youtu.be/Rw7IRPSBO2U

- Esempio 5: *Battement frappé*

Quest'esercizio è di carattere energico e veloce, si rafforzano i muscoli del basso gamba.

Si inizia da una preparazione *tendu* in seconda posizione, poi il piede d'azione entra ed abbraccia il collo del piede della gamba di base,infine si stende con forza in tutte le direzioni davanti, in seconda posizione e *enderrière*. Questo passo si studia prima a terra per la sua difficoltà e poi *en l'air* (in alto) a 30°.

Ma attenzione: un errore ricorrente in questo passo è che le allieve spesso, data l'estrema forza che è richiesta in questo passo, coinvolgono il busto, quando, al contrario, deve rimanere immobile e dritto.

Esempio: *Battement frappé en avant*, in seconda posizione, *en derrière*, con una e due mani alla sbarra, a tempo musicale di 2/4:

1, 2, 3, 4, la gamba si prepara a *cou-depied en avant*

1,2, il *battement frappé* apre *en avant* con accento fuori

3,4, ritorna la gamba a *cou-de pied*

1,2, il *battement frappé* apre in seconda posizione con accento fuori

3, 4, ritorna la gamba a *cou-de pied*

1,2, il *battement frappé* apre *en derrière* con accento fuori

3,4, ritorna la gamba a *cou-de pied*

1,2, il *battement frappé* apre in seconda posizione con accento fuori

3,4, ritorna la gamba a *cou-de pied*

Link video *Battement Frappè*: https://youtu.be/jJZZ10rw34c

- Esempio 6: *Battement Relevélent*

Si esegue in tutte le direzioni, *en avant*, in seconda posizione e *en derrière*. La gamba di base parte come un *battement tendu* a terra e poi prosegue alzandosi *en l'air* (in alto) fino a 90°.

Una volta raggiunto il massimo, si abbassa la gamba con punta a terra e si chiude nella posizione di partenza, in prima. Questo movimento coinvolge addominali e dorsali, oltre la forza della muscolatura della gamba che si solleva. L'esercitazione, di questo passo, ti darà stabilità e padronanza del corpo.

Ma attenzione: quando la gamba d'azione sale, non devi piegare la gamba di base, rimane stesa. Il braccio della sbarra (spesso nelle principianti) dimostra tensione, come se volesse "aggrapparsi". Bisogna, dunque, mantenere il braccio rilassato con il gomito verso il basso e la gamba ben ruotata all'infuori (*en dehors*).

Esempio: *Battement Relevélent en avant*, in seconda posizione, *en derrière* con una e due mani alla sbarra, a tempo musicale di 4/4:
1,2, la gamba destra dalla prima posizione apre il *battement tendu en avant*
3,4, si allunga verso l'alto a *relevélent* e continua a 90°
1,2, scende con la punta a terra

3,4, chiude in prima posizione

Ripeti l'esercizio in seconda posizione, *en derrière*, e poi sempre in seconda.

Link video *Battement Relevé lent*: https://youtu.be/QWDM7T6wS7I

- Esempio 7: *Suplé*

Quest'azione comporta l'avvicinamento della testa alle gambe. Prima di intraprendere questo movimento, è importante respirare per allungare bene la schiena. Il busto dritto si piega in avanti, passando per un angolo di 90°, come fosse un tavolino, per poi continuare a scendere fino in basso. Il braccio che l'accompagna parte in seconda e sale poi in terza posizione, sopra la testa. Nella risalita, si passa dal tavolino e si ritorna alla posizione iniziale.

Ma attenzione: non devi piegare né gambe né schiena. La

respirazione del busto è d'ausilio sia nel lavoro di discesa che la di risalita. Schiena, testa e braccio in terza posizione devono trovarsi in una unica linea.

- Esempio 8: *Cambré*

Questo è un movimento di flessione del busto all'indietro.

S'inizia respirando verso l'alto e flettendo il busto che si inarca all'indietro. La testa ruota all'fuori e il braccio che l'accompagna si pone sopra la testa in terza posizione. Alla fine si torna verso il busto e la testa in posizione dritta iniziale Questo movimento attiva i dorsali e gli addominali.

Ma attenzione: non devi piegare le ginocchia in avanti per aumentare il cambré. Sbilanciarsi verso un lato è un altro errore comune che vedo nelle allieve. Devi allungare le gambe al massimo e piano piano scendere con il busto indietro, mantenendo le due spalle in linea e la testa di lato, che guarda fuori.

- Esempio 9: *Port de bras* alla sbarra, lato sinistro e destro, poni il braccio in seconda posizione respira in *allongé*, accompagna poi il busto, piegandolo al lato sinistro. Il braccio arriva sopra la testa, in terza posizione, e le spalle e il busto rimangono frontali. La testa leggermente piegata verso il pavimento, ma si mantiene allungata. Il busto e il braccio ritornano dritti in posizione iniziale. Ugualmente si ripete verso la destra il *port de bras*. Questa volta, però, senza aiuto della sbarra. Il braccio sinistro va in terza, quello destro in preparatoria.

Ma attenzione: mantieni il corpo e le spalle sempre frontali e la testa non lasciarla cadere.

Esempio: *Suplé, cambré, port de bras* alla sbarra e *port de bras* a destra all'infuori. Con una mano alla sbarra *croisè*, a tempo musicale di 4/4:
1, 2, 3, 4, *suplé,* busto in avanti e porta il braccio in terza posizione
1, 2, 3, 4, rientra, il busto dritto in posizione iniziale
1, 2, 3, 4, *cambré,* fletti il busto indietro e porta il braccio in terza posizione.
1, 2, 3, 4, rientra, mantieni il busto dritto in posizione iniziale, poi apri il braccio in seconda posizione
1, 2, 3, 4, *port de bras,* inclina il busto verso sinistra e il braccio in terza posizione
1, 2, 3, 4, rientra, mantieni il busto dritto in posizione iniziale, apri il braccio in seconda posizione
1, 2, 3, 4, *port de bras,* inclina il busto verso destra all'infuori e porta il braccio della sbarra in terza posizione e quello in seconda a quella preparatoria
1, 2, 3, 4, rientra, il busto dritto in posizione iniziale

Ho voluto condividere con te la procedura di esercizi alla sbarra, che corrisponde alla seconda parte della lezione di danza classica No Under 40. Sono esercizi mirati alla postura elegante, all'equilibrio del corpo, alla coordinazione delle braccia e della testa. Già dalla seconda settimana si potrebbe iniziare ad assaporare i primi risultati di una schiena più dritta, più allineata.

Molte che si avvicinano alla danza classica lo fanno perché vogliono che questa diventi la loro professione, altre vogliono allenarsi con una disciplina femminile, altre ancora perché vogliono mantenere il corpo in forma e allineato.

Ma ti assicuro che la danza classica No Under 40 va oltre tutto ciò, dal momento che è in grado anche di guarire problemi legati alla salute e fisici.

Ho incontrato allieve con problemi alla spalla, al collo, alla schiena e, dopo qualche sessione di danza classica No Under 40, i miglioramenti sono stati considerevoli. Le storie sono altrettanto incredibili.

Pina, una delle "pioniere" (come le chiamo io) del corso danza classica No Under 40, aveva problemi a causa della sua schiena curva, legati all'assunzione di posture sbagliate nel posto di lavoro e per tante ore davanti al computer.

Dopo qualche settimana che si era avvicinata alla danza classica, guardandosi allo specchio di casa, notò come la sua schiena fosse molto più dritta, le scapole più unite le davano quel senso di un petto più aperto e una postura di fiera. Osservandosi attentamente, sorridendo si è detta tra sé e sé: "Brava Pina!"

Dimenticavo di dirti che Pina ha 68 anni e non aveva mai fatto sport prima d'ora, quella rappresentava la sua prima volta e i risultati sono già tantissimi.

Come puoi notare, nel metodo Danza Classica No Under 40, l'età non è un ostacolo (a differenza di altre discipline artistiche o sportive).

Con questa tecnica ed iniziativa davvero unica in Italia e nel mondo, voglio arrivare ad aiutare a più donne possibili, sia sul piano personale che salutare, con lo scopo di creare una modalità di training e di vita salutare, con grazia, con stile e con forza.

Link video tutorial sbarra No Under 40:
https://youtu.be/EFcQkWX5hYo

RIEPILOGO DEL CAPITOLO 5:

- SEGRETO n. 1: La sbarra serve agli allievi come sostegno per lavorare sulla tecnica dei passi, sulla postura e sull'equilibrio.
- SEGRETO n. 2: Ogni esercizio alla sbarra offre un beneficio diverso al corpo, all'elasticità, al tono muscolare, alla velocità, alla forza, alla coordinazione e all'equilibrio.
- SEGRETO n. 3: Il primo esercizio che impari alla sbarra è il *demi plié*. Questo passo è presente in tutta la danza classica.
- SEGRETO n. 4: La sbarra, nella seconda fase della lezione di danza classica, avrà una durata di 30 minuti, dove dovrai eseguire una procedura di esercizi con una crescita nel tempo. L'obiettivo non è quello di passare subito a l'esercizio successivo, ma quello di capire come lavorano il corpo e la muscolatura per ottenere subito i benefici.

Capitolo 6:
Come potenziare la propria femminilità

6.1. Osare nell'interpretazione per coltivare la tua femminilità

Carla Fracci diceva: "sono una donna che diventa tutte le donne. Languida, appassionata, fremente, pura, malata. Di carne e di sangue, di testa e di cuore. Una persona singola che si moltiplica per cento".

Rifletti sulla forza di queste parole e non dimenticarle, perché più avanti ti voglio coinvolgere sulle immense emozioni che proverai nell'ultima parte della lezione No Under 40...Il focus di tutto il libro.

Quando ho creato il metodo danza classica No Under 40 non ho pensato alla classica e tradizionale lezione di danza accademica suddivisa in tre fasi: sbarra, centro e salti.

Come avrai compreso durante la lettura del libro, il mio scopo non è quello di farti diventare una mera ballerina e nemmeno quello di farti eseguire passi complicati, che richiedono molta tecnica e anni ed anni di esercitazione. Nonostante ciò, so anche che, se sei arrivata fino a questo punto, in primis neanche te sicuramente vorrai questo.

Per non lasciarmi sfuggire nessun dettaglio, mi sono calata nei tuoi panni. Parlare e intervistare tante donne come te con la stessa passione per la danza, mi ha fatto capire che dovevo essere sintetica nel programma, che doveva rispecchiare la semplicità della pratica, spazzare via le tue paure e i tuoi tabù e rendere, infine, la danza classica No Under 40 un'arte fantastica, contrassegnata dalla bellezza, dall'eleganza, dall'armonia di tutte le forme e accessibile per te, che sei una donna non ballerina.

Mi sono emozionata e mi emoziono tutti i giorni per aver dato vita a una nuova tecnica che ha trasformato la vita di tantissime donne. In particolar modo ha rivoluzionato una disciplina difficilissima in un metodo fattibile e alla portata di tutte, sostenitore dell'arte, della bellezza, delle emozioni dell'anima e soprattutto del tuo sogno che coltivi sin da bambina.

6.2. Il Focus
Il focus corrisponde all'ultima fase della lezione. Insieme realizzeremo un lavoro di interpretazione per ottenere un viso, delle braccia e un corpo più espressivo.

L'interpretazione è un forte strumento di comunicazione non verbale, per questo ho voluto fosse incluso e studiato nel Metodo No Under 40. Le musiche dei balletti del repertorio classico ci accompagneranno in quest'ultima fase della lezione che dura circa 15 minuti. In ogni lezione verrà studiato un balletto diverso dove ci si adopererà sulla terminologia e sul linguaggio dei movimenti del corpo, delle mani e del viso.

Sarà una scoperta per te, che toccherà il profondo della tua anima. È un'emozione unica poter eseguire così tanti personaggi e storie diverse, e questo ti conferirà una consapevolezza diversa su quante donne potrai essere. Poter assistere a quest'ultima parte della lezione ti regalerà non solo emozioni forti, ma ti lascerà anche un tono elegante e un elisir di bellezza e di giovamento.

Come donna, ballerina e insegnante di questa bellissima arte, la danza classica, mi immedesimo sempre nelle altre, vedendo donne che si muovono in modo armonioso, che parlano con il corpo, che usano le mani e che hanno un viso espressivo, sensuale e naturale,ritengo sia un modo bello di presentarsi.

Sia il viso che le mani di una donna posseggono grande importanza nella comunicazione; possono trasmettere delle emozioni positive come negative. Anche i gesti più piccoli potrebbero determinare il valore di una donna, elegante o volgare.

6.3. *A questo punto, vediamo come posso guidarti nell'interpretazione*

Il primo consiglio che ti posso dare è quello di osare, per costruire la tua femminilità, il tuo stile, la tua espressività in modo naturale. Scava nel profondo della tua anima e non aver timore a far trapelare la tua femminilità, i tuoi sentimenti, quelli più puri, ma anche quelli meno.

Il secondo consiglio che cerco di trasferire alle mie allieve e che condivido anche con te è quello di eseguire già dalla sbarra, nella seconda parte della lezione, ogni esercizio assumendo un carattere diverso dall'altro.

Alla sbarra ci sono esercizi lenti come il *demiplié* o l'adagio, dove puoi tirare fuori la donna sognatrice che c'è in te. Altri veloci e vivaci che rappresenterebbero la donna giocherellona e sorridente, come il *battement frappè*; per quanto riguarda, invece, il *battement fondu,* un esercizio che lega i movimenti in modo elegante, ti potrebbe ispirare la donna che seduce con il corpo e con lo sguardo; infine, il *port de bras,* un movimento delle braccia molto dolce e raffinato, potrebbe, per natura, portarti all'interpretazione della donna romantica.

6.4. Come sarebbe l'interpretazione per i balletti e per il pubblico

In accademia (come in compagnia) i nostri coreografi ci chiedevano di lavorare sul personaggio e su quello che stava vivendo (dolore, rabbia, amore, sofferenza, eccetera).

Prima di eseguire un balletto del repertorio classico, come la Giselle o il Don Chisciotte, dovevo entrare in profondità e capire a fondo il personaggio e la sua storia. Ogni personaggio riserba stile ed interpretazioni diverse.

Per riuscire ad arrivare al pubblico, quindi, bisogna innanzitutto studiare il personaggio, entrare nel suo corpo, nella sua anima e amplificare il più possibile i movimenti.

Solo così puoi veramente arrivare a toccare nel profondo il pubblico e farlo tuo. Se guardi un bambino, lui saprebbe perfettamente assegnare una espressione ad ogni suo stato d'animo (felicità, dolore, amore, rabbia, eccetera).

Nella danza classica queste tecniche vengono insegnate ai ballerini professionisti in un corso apposito di teatro per ballerini. Si impara ad usare un gesto e un'interpretazione del viso per raccontare storie e successi della vita e delle persone.

Queste sono alcune delle domande che studiavo, prima di interpretare un balletto del repertorio classico:
- Chi è il personaggio? contadina, principessa, cattiva.
- Perché agisce in quel modo?
- Quali sono le emozioni che prova?

Nella danza, l'assenza delle parole rende i ballerini non solo virtuosi dal punto di vista tecnico, ma attori che raccontano, che emozionano e che trasportano il loro pubblico in un'altra dimensione, nel loro mondo sublime, il prodotto di un insieme di danza, musica, poesia, costumi, scenografia e dramma.

6.5. Iniziamo il lavoro sul focus:

Insieme a me, imparerai ad usare lo spazio, le direzioni della sala, le pose eleganti, le braccia che "raccontano" e l'espressività del viso nei balletti famosi, come la Giselle, la Bayadère, la Sylphide, il Lago dei Cigni, il Don Chisciotte.

Troverai, di seguito, la spiegazione di questi balletti con la rappresentazione delle foto e un video tutorial in fondo al capitolo che potrai eseguire insieme a me e che corrisponde al suddetto lavoro d'interpretazione.

Il mio intento, innanzitutto, è farti conoscere ed entrare nel vivo della storia e dei personaggi e poi comprendere appieno lo stile e l'interpretazione di ognuno.

- Le posizioni delle braccia del repertorio classico:

Giselle:
Musica: Adolphe Adam
Coreografia: Jean Coralli e Jules Perrot
Adattamenti: Marius Petipa

È il balletto classico per eccellenza, che racconta la storia di una ragazza dolce e delicata che si innamora di Albert, credendo fosse un contadino come lei. Una storia d'amore complicata, che finisce con la morte di Giselle che impazzisce e muore, dopo aver scoperto che Albert era un principe e già fidanzato.

Nel secondo atto, Giselle, dopo la morte, diventa una Villi (anima di una fanciulla tradita prima del matrimonio). Insieme alle altre Villi, vaga nei boschi di notte, cercando vendetta verso gli uomini. Albert incontra Giselle, ma lei sceglie di salvarlo per amore.

Bayadère:
Musica: Ludwig Minkus
Coreografia: Marius Petipa

Il balletto è composto da 4 atti, ispirato all'India esotica. È pieno di erotismo, intrighi e promesse d'amore tradite fra Nikiya danzatrice del tempio e il guerriero Solor.

La storia racconta che Solor viene dato in matrimonio a Gamzatti, la figlia del Ragià. Gamzatti, gelosa della bellezza di Nikiya, la fa ballare alla sua festa e tenta di ucciderla con un serpente velenoso che la morde. Solor, straziato dal dolore, per dimenticare fuma un particolare oppio che gli fa sognare per l'ultima volta la sua amata

Nikiya. Durante le nozze di Solor e Gamzatti, il tempio viene colpito da un fulmine, seppellendo sotto sposi e invitati.

Sylphide:
Musica: Jean Schneitzhöeffer
Coreografia: Filippo Taglioni

Questo balletto ha rivoluzionato e segnato una nuova era. Per la prima volta la ballerina sale sulle punte, alla ricerca di una bellezza e di una leggerezza innaturale. Il balletto è stato creato dal coreografo italiano Filippo Taglioni per sua figlia, Maria Taglioni.

La storia racconta che il protagonista, James, un contadino scozzese, prima delle nozze con Effie, riceve durante il sonno la visita di una Sylphide, una creatura soprannaturale che fa innamorare l'uno dell'altro. James abbandona la sua fidanzata sull'altare e scappa nel bosco con la Sylphide. Madge, una strega, dona un velo a James, che ha il potere di catturare la Sylphide e tenersela per sempre; ma questo velo era avvelenato e, non appena tocca la Sylphide, cade a terra e muore. James perde i sensi non appena vede la sua promessa sposa unirsi in matrimonio ad un altro, quindi affronta Madge, ma lei lo colpisce uccidendolo.

Lago dei Cigni:
Musica: Peter Tchaikovsky
Coreografia: Julius Reisinger
Revisionato: Marius Petipa

È uno dei balletti più popolari di tutti i tempi. Racconta la storia del giovane principe Siegfried, che, mentre si trovava a caccia con i suoi amici, vede una bellissima fanciulla, Odette, una donna trasformata in cigno dal malefico Rothbart.

Alla festa di compleanno del principe Rothbart, il mago, si presenta con sua figlia Odile, che aveva assunto le sembianze di Odette per convincere il principe a sposarla. Quando Siegfried scopre la sua vera identità, corse disperato verso il lago salvando Odette dall'incantesimo e chiede il suo perdono, facendo un giuramento d'amore eterno.

Don Quixote:
Musica: Ludwig Minkus
Coreografia:Marius Petipa

È in assoluto il mio balletto preferito, composto da 3 atti, ispirato al romanzo di Cervantes. Un balletto pieno di virtuosismo, romantico, ma allo stesso tempo molto contemporaneo. Narra la vicenda d'amore fra Kitri e Basilio, due giovani innamorati.

Don Chisciotte, giunto a Barcellona, si innamora subito di Kitri, ma la ragazza era già promessa (contro la sua volontà) al ricco Gamache. Don Chisciotte decide di rendersi ridicolo, sfidando Gamache a duello, mentre Basilio scappa con l'amata Kitri, riuscendo poi ad ottenere la sua mano.

Link Video Interpretazione dei Balletti classici: https://youtu.be/A9JutE4tYwc

RIEPILOGO DEL CAPITOLO 6:

- SEGRETO n. 1: La tecnica e l'interpretazione vanno di pari passo. La danza classica è in grado di farti immedesimare nei personaggi e di trasportarti in altri mondi e in storie fantastiche, piene d'amore e di drammi.
- SEGRETO n. 2: L'interpretazione del corpo, delle mani e del viso, sia in una ballerina che in una non ballerina, può mettere in luce un atteggiamento positivo o negativo. Il modo in cui comunichi con le mani può rivelare se sei una donna elegante o volgare.
- SEGRETO n. 3: Già dalla sbarra, potrai mettere in pratica l'interpretazione. I suddetti esercizi posseggono tutti un carattere diverso, a seconda della loro natura.
- SEGRETO n. 4: L'ultima fase della lezione si sviluppa sul focus, corrispondente alla terza parte composta da 15 minuti. Qui si studia l'interpretazione di balletti di diversi stili: dal romantico, al languido e dall'erotico al vivace. Osare e amplificare i movimenti ti permette di scavare più a fondo nel tuo animo e a comunicare in modo più efficace con gli altri.
- SEGRETO n. 5: Metti la musica a casa e lasciati andare. Entra nei meandri della tua anima e interpreta diverse donne:

quella languida, quella appassionata o quella pura, e così via, come diceva Carla Fracci. Quest'esercizio ti potrebbe stupire e far scoprire al contempo quante donne hai dentro.

Capitolo 7:
Danza e Alimentazione

7.1. Consigli nutrizionali per ballerine e non ballerine

Mangiare troppo o troppo poco è il problema più comune oggigiorno, quando mi ritrovo a discuterne con le donne. Se mangi troppo poco per avere subito dei risultati ottieni sì un corpo più snello, ma non una perfetta forma fisica e non ti garantisce comunque dei benefici nel tempo.

Deficit alimentari, di vitamine, sali minerali e calorie portano ad una maggiore fatica nel compiere qualsiasi attività, alla poca concentrazione e al danneggiamento del muscolo. Son poche le donne che conosco e che seguono un'alimentazione sana, coerente con il loro stile di vita.

Con questo non voglio sconcertare, perché non c'è una alimentazione standard che valga per tutti. L'importante è che sia equilibrata nel corso della giornata e durante la settimana, tenendo anche conto del tuo attivismo fisico o, al contrario, della tua sedentarietà.

Una raccomandazione che ti voglio fare, dunque, è di evitare il digiuno o le abbuffate, soprattutto notturne; per esempio tante donne che conoscono saltano la colazione. Ci sarà un perché nutrizionisti, sportivi e medici confermano che la colazione è il pasto più importante della giornata.

In questo percorso No under 40 voglio aiutarti a star bene e a capire quali sono soprattutto gli errori da evitare. Lo scopo di quest'ultimo capitolo è quello di informarti e guidarti al meglio verso un nuovo stile di vita, facile e non di privazione, che ti porterà a raggiungere sia un peso equilibrato che sicuramente un maggior livello di energia e vitalità durante la tua giornata.

Adesso voglio raccontarti di un'altra allieva, Adria. Lei amava la danza classica sin da bambina, ma non avendola potuta fare mai per via del suo peso, ha voluto che sua figlia la studiasse a livello professionale.

Un giorno Adria mi contattò, dopo aver visto la mia pubblicità online. Cercando su Google, ha trovato i miei corsi di Danza Classica No under 40. Mi ha scritto subito, usando parole bellissime e ringraziandomi del fatto che avessi ideato un corso per donne adulte che non avessero mai ballato prima.

Lei aveva ancora problemi legati al peso, non si sentiva di frequentare la danza e si vergognava. Io, invece, la incoraggiai a partecipare perché ne avrebbe ricavato solo che benefici, sia a livello fisico che psicofisico.

Un maestro ha il compito di capire prima di tutto quali sono le paure e le esigenze dell'allievo e non discriminarlo, ma incoraggiarlo a fare, perché, nel caso di Adria, il non fare non la avrebbe aiutata a perdere peso e in questo modo non avrebbe potuto mai concretizzare il suo sogno, la danza classica.

Oggi Adria frequenta i miei corsi Danza Classica No Under 40, la sua motivazione non è più quella di perdere peso, ma quella di danzare ed invecchiare con eleganza.

7.2. Come aiuto le mie allieve a rispettare una nutrizione sana?

• La prima cosa da non fare: saltare i pasti (come ho spiegato prima). Al pasto successivo, il tuo corpo cercherà di recuperare tutto quello di cui ha bisogno e di cui prima è stato privato. Con questo ti voglio sottolineare che la colazione, il pranzo e la cena devono essere sempre rispettati. Ogni giorno, dovresti mangiare a colazione, pranzo e cena. Non mangiare se non hai appetito o se non hai digerito ancora l'ultimo pasto.

Accorgimenti: gli spuntini vanno fatti, ma in modo intelligente; è necessaria l'acqua per reidratare il corpo, come il tè alla cannella e miele o quello alle bacche di goji, succhi naturali, frutta di stagione o smoothie. Utilizza tutti alimenti al naturale e frutta di stagione, ricca di vitamine e sali minerali di cui il tuo corpo ne trarrà vantaggio, rimanendo giovane a lungo.

• La seconda cosa da non fare: eliminare completamente dalla tua dieta i carboidrati e i grassi sani, come l'olio, la frutta secca, l'olio d'oliva, il burro fresco, lo yogurt; senza i carboidrati è come andare in macchina senza carburante. Mangiare pasta, riso e patate, pane integrale due ore prima dell'attività fisica ti procurerà energia vitale al corpo. È sempre stato il mio segreto prima di un esame di danza o prima di una giornata importante di esibizione.

Ma tieni sempre a mente che devi farlo con moderazione e lontano dalla attività, altrimenti ti potrebbe creare disturbi, come insonnia o poca energia, cioè esattamente l'opposto.

Accorgimenti: la ricetta del corpo perfetto non esiste, ma puoi "disciplinarlo" attraverso abitudini ordinate e sane, facendo attività come la danza classica, che fa lavorare tutto il corpo, e rispettando un'alimentazione sana. Assicurati di fare una giusta spesa, comprando tanta frutta, verdura e cibo di qualità.

- La terza cosa da non fare: mangiare di corsa o sostituire il pasto vero con barrette dietetiche. Oggi si vive una vita sempre di corsa e molto frenetica, per cui spesso sento donne che non si alzano dalla scrivania per un pranzo anche leggero. Mangiare di fretta pregiudica la digestione e in questo modo non ti accorgi quando mangi a sufficienza.

Ci sono altri casi che ritengo molto pericolosi, come quando sento donne che praticano attività fisica e per rimanere in forma sostituiscono il pasto alle barrette dietetiche. Le barrette non hanno la bacchetta magica e non "educano" ad una alimentazione sana.

Accorgimenti: mangia gustandoti il piatto e masticando piano. Mangiare è uno dei veri piacere della vita, perciò è necessario avere un bel rapporto con il cibo.

Invece, per quanto riguarda i dolci, non sono mai stata un'amante, ma posso dirti con certezza che in un'alimentazione sana è possibile sfruttare anche il momento in cui ci si vuole ricompensare per qualcosa di bello e buono che si è fatto e fare il cosidetto "strappo" alla regola.

Non sentirti in colpa, un giorno alla settimana è previsto un *peakday* (giorno libero); il mio, per esempio, è la domenica quando si fanno i pranzi in famiglia. *A tavola si invecchia,* come dice un vecchio detto.

In generale, durante l'arco della settimana, seguire delle buone regole di alimentazione garantisce sempre un ottimo risultato per poi concederti tranquillamente il tuo *peakday*, come me, che lo sfrutto da molti anni.

Se invece sei tra quelle donne con veri problemi di sovrappeso o sottopeso, è utile consultare un nutrizionista, un dietologo o un dottore in medicina sportiva, che ti possa preparare ad un percorso nutrizionale secondo le tue esigenze.

Questo capitolo non tratta né di diete né di privazioni alimentari, non è una guida da seguire per tutti, ma sono miei preziosi consigli nutrizionali che tuttora seguo fermamente, dopo molti anni di dieta sbagliata e disturbi durante il periodo di studio in accademia, dove la forma fisica era un vero e proprio requisito da mantenere quotidianamente.

Oggi la danza classica professionale sta cambiando molto: a differenza di alcuni anni fa, si sta aprendo la strada ad un nuovo tipo di corpo, più atletico e salutare.

RIEPILOGO DEL CAPITOLO 7:

- SEGRETO n. 1: Non c'è una alimentazione standard che valga per tutte. L'importante è che sia equilibrata nel corso della giornata e durante la settimana, tenendo conto di quanta attività fisica fai.
- SEGRETO n. 2: Mangia ogni giorno a colazione, a pranzo e a cena, senza saltare nessun pasto. Fai anche degli spuntini intelligenti, costituiti da frutta di stagione, succhi naturali e tisane, perché idratano il corpo e danno quel senso di sazietà.
La mia ricetta preferita è il tè alla cannella e al miele. Lo bevo ogni giorno prima di dormire e poi lo porto al lavoro con me; è una combinazione perfetta che mi conferisce energia e mi alza le difese immunitarie, mi fa stare lontana dai raffreddori, mi aiuta alla digestione, mi sazia e infine si "sposa" bene con il metodo No Under 40, perché miele e cannella sono un anti-età perfetto. Te lo consiglio, quindi, vivamente ogni giorno.
- SEGRETO n. 3: Due ore prima dell'attività fisica, mangia pasta, riso, patate o pane integrale. Questi alimenti procureranno energia vitale al tuo corpo.
- SEGRETO n. 4: Segui una vita sana. Mangiare cibo genuino e fare attività fisica, come in questo caso la danza classica in età

adulta, non solo è questione di estetica, ma anche e soprattutto di salute.

Conclusione

Quella bambina che eri una volta è cresciuta, poi è andata a scuola, ha iniziato a lavorare, si è sposata ed è andata a convivere, infine si è dedicata eccessivamente agli altri: al lavoro, alla famiglia, alla casa, ai figli, agli amici ed è rimasto troppo poco tempo, così poco da aver messo da parte il sogno più grande e pensare quindi che non fosse più possibile realizzarlo.

Ho voluto scrivere questo libro per darti una nuova speranza, per buttare via tutte quelle che sono le tue paure, le tue false credenze che hanno maturato il fatto di non poter danzare più da adulte.

Per questo voglio rincuorarti sull'esistenza di una nuova tecnica, il metodo No Under 40, creato ad hoc per te, ma soprattutto per realizzare il tuo grande sogno, diventato da anni la mia missione più grande.

In passato, quando mi formai sull'insegnamento del metodo russo

Vaganova, nel Teatro Carcano di Milano, ho trovato molta difficoltà nel cercare materiali o libri che fossero spiegati in modo facile e che potessero coinvolgere chiunque fosse appassionato ad avvicinarsi a questa splendida arte.

Da lì iniziai a crearmi una specie di enciclopedia sulla danza, attraverso la mia esperienza nel corso degli anni. Ho scritto tutti i passi di danza per giorni, mesi ed anni, con la rispettiva spiegazione in francese, l'esecuzione, le correzioni e i benefici per ognuno di essi. Adesso che ci penso, il mio viaggio verso questo libro è iniziato molti anni fa, mentre mi preparavo a diventare insegnante del metodo Vaganova.

Scrivendo il suddetto manuale di danza, di bellezza, di benefici, di consigli utili e di esercizi pratici di danza non mi sono mai sentita da sola; in ogni capitolo ho immaginato le sensazioni ed emozioni che una come te potesse provare, con il tuo volto e la tua storia.

Sono davvero fiera di te che sei arrivata alla fine di questo libro, e lo sono molto delle mie allieve che stanno già praticando questo metodo Danza Classica No Under 40, delle "pioniere" (come le chiamo io) e poi anche di te. Non vedo l'ora di conoscerti e di realizzare il tuo sogno.

Riappropriati della tua passione e passa dal sogno alla realizzazione, dalla realizzazione al cambiamento.

Il cambiamento vivitelo con passione, alimenta il tuo desiderio per la danza, sii fedele e responsabile verso il tuo corpo, il tuo tempo e la tua mente.

Ascolta maggiormente la musica classica, quella dei balletti famosi. Segui quest'ultimi andando a teatro, ispirati alle loro storie d'amore, ai drammi e ai loro personaggi. Condividi con qualche amica il piacere di andare a lezione di danza insieme, di mettere un body e delle scarpette. Presentati in modo elegante con lo chignon e un filo di trucco, guardati allo specchio e apprezza questa nuova versione di te stessa.

Guarda film di danza, ce ne sono tantissimi che raccontano storie fantastiche e molto emozionanti.

Eccone di seguito alcuni di rilievo:
- Billy Elliot (Stephen Daldry)
- Due vite una svolta (Turning Point)
- La Danza incompiuta (The Unfinished Dance)
- New York Academy (High Strung)

Oltre a questo libro, che ho voluto fortemente scrivere, ci sono anche dei video tutorial sul mio canale YouTube, Alina Quintana Studio, che possono esserti di aiuto come allenamento a casa. Ho preparato questi mini video sia per chi già è una mia allieva sia per chi si vuole avvicinare partendo da zero.

Nel libro troverai alcuni video da linkare e nel canale YouTube ci sarà un aggiornamento continuo con altrettanti video sul portamento, per conoscere appunto l'impostazione delle braccia accademiche del metodo No Under 40, per praticare l'interpretazione con esempi di posizione delle braccia nei balletti del repertorio classico, come la Giselle, il Lago dei Cigni, la Bayadère, il Don Chisciotte e altri che, con la pratica, ti faranno raggiungere risultati di eleganza e armonia nella danza e nella comunicazione.

Troverai anche il *warm up* a terra, un ottimo video tutorial di preparazione fisica, ispirato agli esercizi dei ballerini. Questo allenamento donerà allungamento alla tua colonna eai tuoi arti, ti conferirà, altresì, elasticità, forza e tono muscolare.

Infine potrai usufruire di un tutorial con tutta la procedura dei passi del metodo Danza Classica No Under 40 e con l'esecuzione di tutti gli esercizi che si effettuano alla sbarra.

Un altro modo per praticare la danza classica No Under 40 sarà insieme a me, nei miei corsi di mini-gruppi, che arrivano ad un massimo di sei persone. In questi corsi incontro tante donne come te, con esperienze e lavori diversi, ma tutte con la stessa passione che le accomuna, la danza classica.

Per me sarà un onore accompagnarti in questo percorso di danza, di bellezza e di cambiamento. Mi sono preparata per anni a questo momento, adesso tocca a te.

I benefici sono tantissimi per chiunque avrà il beneficio di praticare la danza classica in età adulta. È l'emblema della salute, del benessere, dello stare in forma mentalmente e fisicamente, del piacersi di più, del sentirsi più femminili, attraverso un corpo che trasmette e che seduce ancora.

Se ti è piaciuta la lettura di questo libro ed hai il piacere di contattarmi per saperne di più sul metodo Danza Classica No Under 40, puoi farlo nei seguenti modi:
http://www.alinaquintana.it/blog/
info@alinaquintana.it

Se inoltre vuoi accedere ai video ed ai contenuti extra, puoi trovarli a questo link:
http://www.alinaquintana.it/libro

Storie di successo

Maria Angela, Anna, Daniela, Monica, Katia e Giuseppina sono alcune delle tantissime donne che possono raccontare le loro storie e di come la danza classica No Under 40 le abbia cambiate in meglio e per sempre.

Maria de Stefano (allieva):
Tu, Alina, persona speciale, professionista e dolce, sai insegnare pazientemente a noi inesperte ed adulte, facendoci sentire a nostro agio anche quando non ci riesce un passo. Grazie a te che hai creato questo corso, possiamo di nuovo sognare, mantenerci in forma e perché no, anche più femminili.

Nel corso, ho incontrato tante belle persone, ognuna con qualcosa da dare all'altra. A me, nello specifico, questo corso specifico di classica per le No Under 40 ha permesso di avvicinarmi oltre alla danza, anche ad altre discipline, come l'arte, la musica, la lirica e il teatro. Ho riscoperto un mondo che mi affascina e mi fa gioire.

Grazie Alina.

Daniela (allieva):
La danza è sempre stata la mia passione. Da ragazza dovetti interromperla, a causa della famiglia, dei figli...e gli anni intanto trascorrevano inesorabilmente, fintanto che un giorno la mia strada si è incrociò con Alina Quintana ed alcune "ragazze" furono spinte dal mio stesso amore per la danza e per tutto quello che questa disciplina trasmette. Grazie al corso No Under 40 di Alina, mi sento, durante quell'ora, la ragazza di una volta: quel momento diventa Mio, dove la fatica, il mio spirito e il mio corpo migliorano, dandomi quella giusta energia per affrontare la vita.

Grazie Alina

Katia (allieva):
Sono una cantante lirica e tre anni fa sono diventata mamma di un meraviglioso bimbo. Ho sempre avuto qualche problema di postura, peggiorata notevolmente dopo il parto. Legati sempre al portamento, riscontro anche altri disturbi, inerenti alla gnatologia e alla mal occlusione dentale.

Negli ultimi quattro anni ho cercato di fare vari esercizi per migliorare la postura, rivolgendomi ad un osteopata. Tuttavia, il miglior risultato ottenuto, secondo me, me l'ha regalato il corso di danza classica No Under 40 con Alina. L'allungamento dei muscoli degli esercizi della danza classica, all'inizio di ogni lezione, insieme a quelli di base alla sbarra, mi ha permesso di tonificare e rafforzare la muscolatura, migliorando la postura e donandomi maggiore elasticità, trasmettendomi, inoltre, fin da subito, libertà e scioltezza nei movimenti.

Al mio primo concerto, dopo appena due mesi di lezioni, ho constatato un notevole miglioramento. Mentre cantavo, ero molto più sciolta ed espressiva nei movimenti scenici, più soddisfatta del risultato, che prima non riuscivo a raggiungere. Vorrei andare avanti con questo corso di Alina e auguro ad altre persone con problemi simili ai miei di provare il suddetto corso, arrivando a migliorare la postura e, perché no, sentirsi qualche anno più giovani e di nuovo belle e seducenti.

Grazie Alina.

Giuseppina (allieva):
Esco adesso dalla doccia, mi accingo a sbrigare le mie solite pratiche: crema, spuma per capelli e asciugatura con il phon. Mi guardo allo specchio e vedo una Pina più dritta, sorrido e comincio a muovere le mani, come ne La Morte del Cigno. Mi guardo e mi piaccio.

Ho 68 anni e da poco ho iniziato il percorso della danza classica. Tutto ciò non è merito mio, ma di questo metodo, Danza Classica No Under 40. Persone che non diventeranno mai ballerine, ma che potranno migliorare la loro postura e piacersi di più (dici niente).

Muovere le mani e le braccia con armonia, guardarsi e piacersi permette di raggiungere un benessere sia fisico sia mentale. Si torna indietro nel tempo, a sognare, e i sogni non ci fanno sentire altro che più giovani. Grazie Alina per questa bellissima iniziativa.

Monica (allieva):
Iniziare a fare danza classica a 50 anni? Si può fare.

Volevo ritagliarmi un po' più di spazio da dedicare a me stessa, di muovermi al di fuori delle attività proposte in palestra. Su Facebook mi sono imbattuta in una pubblicità illuminante, Danza Classica No Under 40: è forza, equilibrio, eleganza, portamento e tanto altro ancora.

La fortuna ha voluto che quel post mi portasse ad Alina, che, con la sua semplicità e simpatia, è riuscita subito a mettermi a mio agio nonostante l'imbarazzo iniziale.

Le lezioni sono intense, ma alla portata di tutti, e comprendono sempre preparazione fisica, tecnica ed espressività. L'ora passa sempre troppo velocemente. Il tempo per diventare ballerina non basta mai.

Grazie Alina.

Maria Angela (allieva):
Sono stata sempre innamorata della danza classica. Da piccola non ho potuto mai farla, a causa dei miei genitori che preferivano mi dedicassi allo studio. Da adulta, ho cercato di tenermi in forma

con altre discipline, come la palestra e il nuoto, ma sentivo che in me mancasse qualcosa. Un giorno, tramite un'amica, ho scoperto che si poteva fare la danza classica anche in età adulta partendo da zero e che c'era un metodo, chiamato Danza Classica No Under 40, strutturato secondo un programma apposito per le non ballerine.

Ho conosciuto Alina e subito mi sono innamorata nuovamente della danza classica e della femminilità dei suoi movimenti. Oggi sono una sua allieva e sono molto contenta dei risultati ottenuti. È stata una tra le cose più belle che mi siano capitate negli ultimi anni.

Grazie Alina

Ringraziamenti

Voglio ringraziare innanzitutto le "pioniere" della danza classica No Under 40, le mie fantastiche allieve, che si sono messe in discussione per seguire la loro più grande passione.

Grazie per averci creduto e per le emozioni che mi regalate in ogni lezione. Vedervi divertire e felici mentre danzate è il mio motore. Sono fiera di voi e dei vostri risultati.

Un grazie infinito va alla mia famiglia cubana e a quella italiana. Entrambe mi hanno sostenuto in ogni mio sogno, nello studio, nella mia crescita e grazie sempre per l'amore che mi date ogni giorno, è la mia benzina.

Per ultimo, un grazie enorme va all'universo, che un giorno mi ha fatto conoscere il corso Numero 1: mi ha insegnato tutte le tecniche per scrivere questo libro; ancora grazie al mio editore, Giacomo Bruno, e a tutto il suo staff per il supporto di questi mesi.

Grazie infinite anche a te che leggerai questo libro, che non potrà far altro che rivoluzionare la tua vita.

Ricorda: "La danza classica No Under 40 è bellezza, è arricchimento, è sentirsi bella in ogni momento".

Alina Quintana.

www.ingramcontent.com/pod-product-compliance
Lightning Source LLC
Chambersburg PA
CBHW050912160426
43194CB00011B/2377